平凡社新書
988

アルバイトの誕生

学生と労働の社会史

岩田弘三
IWATA KŌZŌ

HEIBONSHA

アルバイトの誕生●目次

第一章　なぜ学生アルバイトの歴史を論じるのか

1 「アルバイト」は何語か

アルバイトという言葉の日本における一般的な使われ方は、「パートタイムの仕事」、つまり「定職とはみなせない仕事に従事すること、とくに副業を糧にお金を稼ぐこと」を意味する。ところで「アルバイト」という言葉は、何語かご存知だろうか。語学に多少堪能な人なら、この用語がドイツ語を語源とする言葉であることをご存知かもしれない。たしかにこの言葉はドイツ語に由来する言葉である。だとしても正確にいえば、この言葉はドイツ語ですらない。なぜならドイツ語のアルバイト（Arbeit）は、正規の、すなわち常勤の労働・職業を指す言葉だからである。だとすればそれは、ドイツ語本来の用語法からさえ逸脱した「和製ドイツ語」だということになる。

それではこの奇妙な言葉はいつの時期から、誰が用い始めたのだろうか。そしてこの言葉が登場する前にも、アルバイトに相当する活動が存在していたとすれば、それは何と呼ばれていたのだろうか。実はその旧来用いられていた言葉はいまや、まったく別の意味をもつ用語として使われている（これについては、第二章で後述する）。だとすればアルバイトに相当する活動を指す用語が存在したにもかかわらず、なぜその用語にかわってわざわざアルバイトという言葉が使われ始め、それ以前に一般的に使われていた言葉が死語になるほど、それが広まっていったのだろうか。このようにアルバイトという言葉が登場した由来にまつわる事柄だけを取り上げても、アルバイトの歴史には興味を引く問題が多いのである。

もちろんこの言葉が登場した背景には、学生をめぐる当時の状況が大きく関係している。その状況のなかで学生とアルバイトとの関係や、アルバイトの様相も現在とは大きく異なるものであった。たとえば現在では多くの学生は嬉々としてアルバイトに励んでいる。しかしアルバイトという言葉が登場した時代には、嬉々としてアルバイトを行う学生などほとんどいなかった。それどころか学生たちは、むしろいやいやながら仕方なくアルバイトを行っていたのである。それでは、アルバイトはどのような変遷をへて、現在の姿にたどりついたのだろうか。その歴史を明らかにすることが本書の目的である。

2　現在の学生の三大関心事――アルバイト・恋愛・サークル

ところで、アルバイトは恋愛・サークルとならんで、いまや学生の三大関心事にまで成長した活動になっている。第五章で扱う内容とも多少関連するので、ここで恋愛・サークルを含めて、これら三つの活動への関心がどれほどキャンパスライフのなかに広く浸透しているのか、その現状を具体的な数字を挙げて確認しておこう。

恋愛

まず恋愛についてみると、数字は幾分古いものの、全国大学生活協同組合連合会による一九九三年の調査結果をもとにすれば、恋人がいる学生の比率は五九・四％、恋人を欲しいと思っている学生の比率は二六・三％になる。両者を合わせて、実に全学生の八五・七％が恋愛に関心をもっている勘定になる。

ただし二〇〇〇年代中頃以降、若者の恋愛離れへの指摘が増えてきた。「草食系」などは、その現象を表す典型的な言葉といえる。のみならずいまや「絶食系」という言葉さえ聞かれる。

二〇〇〇年代中頃以降に大学生になった世代、つまり一九九〇年代頃より後に生まれた若者は、バブル経済崩壊後、日本が長期不況に入った時代しか知らない世代になる。この世代は「さとり世代」・「嫌消費」世代と呼ばれる。つまり経済状況として明日が今日より悪い状態になることはあっても、よくなることはない、といった経験しかもたずに育った世代である。そのためこの世代は、コストパフォーマンス意識が強く、節約を心がけ、贅沢はせず無駄は避ける傾向が強いとされる。はたからみていると、まるで欲望を抑え、悟っているようにみえるがゆえに、原田曜平はこの世代を「さとり世代」と呼んだ。消費行動の面からみると、たとえば若者の「車離れ」・「海外旅行離れ」など、大型消費を避ける傾向はその典型だとされる。そういった傾向を踏まえて、松田久一《ひさかず》はこの世代を「嫌消費」世代と名づけた。原田、松田に加えて、次に出てくる牛窪はみなマーケット動向の専門家である。

節約を心がけ、無駄を避けるというこの世代の傾向は、消費行動だけにとどまらず、恋愛にまで及んでいるという。告白するときだけではなく、交際しだしてからも、相手に気をつかわなければならない。牛窪恵によれば、そのようなことにエネルギーを使うことを面倒くさいと考えて、恋愛を避ける人が増えてきた。あるいは、それに費やさなければならないエネルギーと比較すると、恋愛からえられる効用は、コストパフォーマンス的に見合わない、と考える若者が増えているという。

事実、結婚情報会社ウエディングパークが、二〇一八年に大学生（短大生を含む）四九六人を対象としたインターネット調査を一例として挙げれば、恋人が現在いる大学生の比率は三〇・八%、恋人は現在いないけれども恋人を欲しいと思っている大学生の比率は三九・四％である。両方の学生を合わせれば、七〇・二％になる。恋人がいる学生の比率、恋愛に関心をもっている学生（＝恋人がいる学生＋恋人を欲しいと思っている学生）の比率は、一九九三年に比べれば、ともに大幅に減少している傾向は明らかである。とはいえ二〇一八年でも七割以上の学生が関心をもつ活動でありつづけていることだけは確かである。

サークル

ついで、サークルについても言及しておこう。全国大学生活協同組合連合会『学生の消費生活に関する実態調査報告書（キャンパスライフデータ）』をもとに、二〇一八年の数字をみれば、現役のサークル加入者の比率は六七・四％である。また、過去に加入していた経験をもつ学生の比率は二〇・四％、さらに、現在は未加入であるものの今後加入したいと思っている学生の比率は一・一％になっている。以上を合計すると、今後の予定を含めて大学時代のサークル経験者の比率は、八八・九％にまで達することになる。

3　現在のアルバイトの状況

アルバイト従事率とアルバイト職種

それでは、アルバイトについてはどうであろうか。ここではその現状を、独立行政法人日本学生支援機構（JASSO）『二〇一八（平成三〇）年度　学生生活調査報告』の数字をもとに示しておこう。なお、本書全体をとおしてこの調査をもとにした数字はすべて、四年制大学（六年制学部を含む）の昼間部在籍の学生（外国人留学生を除く）だけに限ったものを用いている。

まず学生へのその浸透度をみれば、「授業期間中に経常的にアルバイトに従事している学生」の比率は、全学生の約四分の三にあたる七三・二％に及んでいる。臨時的なものまで含めて授業期間中にアルバイトをしている学生の比率をみると八三・二％になる。それに長期休暇中だけのアルバイトを加えて、一年間に何らかの形でアルバイトを体験した学生の比率は、八六・一％にまで達するのである。この数字は単年単位の数字である。大学四年間をとおしてまったくアルバイト経験をもたない学生は、いまや絶滅危惧種といってよい。

文部科学省『学校基本調査』をもとにすれば、二〇一八年度の昼間部学部学生数は二五八万八一一二人である。よってこの人数にアルバイト従事率を掛けて単純計算すれば、一年間に何らかの形でアルバイトに携わった学生の数は二二二万二〇七九人になる。授業期間中に経常的にアルバイトに従事している学生に限ってもその数は一八九万人に達するのである。

総務省統計局『労働力調査年報』によれば、この年の日本における役員を除く雇用者総数は五六〇五万人である。そのうちパート・アルバイトの総数は一四九〇万人になる。さらにアルバイトだけを取り出せば、その人数は四五五万人である。つまり、役員を除く雇用者総数の二六・六％は、パート・アルバイトの労働力によって成り立っている。さらに、アルバイトに限れば、八・一％の労働力を提供していることになる。

このアルバイト雇用者人口のうち、四年制大学学生の比率は、授業期間中に経常的にアルバイトに従事している学生の数をもとにすれば、四一・五％（＝一八九万÷四五五万人）になると推計される。よって、アルバイト雇用者のなかでも四年制大学学生だけを取り出してみれば、パート・アルバイト雇用者に対しては一二・七％の労働力の供給源になっている。同様に、役員を除く日本全国の雇用者総数に対しては三・四％の労働力の供給源になっているのである。さらに、一年間に何らかの形でアルバイトに携わった四年制大学学生でみれば、当然のことながらそれらの比率はより高くなる。

これらの数字をみれば、社会的にみても学生アルバイトがいかに重要な労働力の供給源となっているかは明らかである。

ここでアルバイト職種についてみておけば、「家庭教師・塾講師」一二・六％、「事務」二・八％、「販売」二四・四％、「飲食業」四二・四％、「販売・飲食を除く軽労働」七・〇％、「重労働・危険作業」一・七％、「特殊技能」一・三％、「その他」七・八％となる。つまり、いまや学生アルバイトの三分の二が飲食業と販売で占められていることになる。

家計状況とアルバイト

つぎに、どのような家計状況にある学生がアルバイトを行っているのかをみておくと、アルバイト従事学生のうち、「家庭からの給付なし」であるがゆえに、つまり仕送りなどの家庭からの援助がないためにアルバイトをせざるをえない学生は五・一％、「家庭からの給付のみでは修学継続困難」のためにアルバイトをしている学生は一六・一％、「家庭からの給付のみでは修学不自由」であるがゆえにアルバイトをしている学生は一八・四％となっている。これに対し、「家庭からの給付のみで修学可能」であるにもかかわらずアルバイトをしている学生、つまり経済的には必ずしも働く必要がないアルバイトは六〇・四％に達している。そしてその数は、アルバイトをしていない学生を含めた全学生を分母にとっても、五二・〇％と過半数を超えているのである。

アルバイト時間とアルバイト収入額

つぎに、それに費やす時間の面からも、アルバイトの学生生活への浸透度の高さをみておこう。

『二〇一八年度 学生生活調査報告』からは、つぎに示す六つの活動について、授業期間中の典型的一週間（七日間）の平均生活時間がわかる。それによると、「大学の授業」一五・六時間、「大学の授業の予習・復習など」五・〇時間、「大学の授業以外の学習」三・七時間、「部活動・サークル活動」四・一時間、「娯楽・交友」一一・一時間、「アルバイト」（「アルバイト・定職」のうち定職者を除いた平均値）一〇・八時間となる。以上の数字はいずれも全学生の平均である。アルバイトの場合は、それをしていない（アルバイトが〇時間の）学生をも含む平均値である。ちなみにアルバイトをしている学生だけを取り出せば、その平均は一三・九時間になる。

つまり、全学生を母数とする生活時間をもとにする限り、これら六つの活動のうち、アルバイトは「娯楽・交友」と並び、「大学の授業」に次いで、学生が時間を投入している活動になっている。

さらに、アルバイトの年間収入額は四〇・一五万円（月額収入に換算すれば三・三万円）

となり、一年間の学生生活費収入総額二〇〇・一三万円の、実に約二〇％の規模を占めてさえいる。なお、以上の数字はアルバイトをまったくしていない学生を含めた数字（実額平均）であり、アルバイトをしている学生に限れば、その年間収入額は、四六・六万円（月額収入に換算すれば三・九万円）、学生生活費収入総額への寄与度は約二三％に増加する。

就職の面接等で学生がアピールする項目

ここで『学生生活調査』から離れて、学生にとってアルバイトがキャンパスライフにおいていかに大きな比重を占める活動になっているのかを示す、別の調査結果を紹介しよう。リクルートキャリアの就職みらい研究所『就職白書２０１８――採用活動・就職活動編』によれば、複数回答形式で「アルバイト経験」を「面接等でアピールする項目」の一つとして挙げた学生は四四・一％と、二位の「人柄」を八・四ポイントも引き離しての一位になっている。しかしこのような学生の思いに対し、それを「採用基準で重視する項目」の一つとみなしている企業は二一・一％と、七位に位置するにすぎない。

ある大手企業の人事担当者からも、ほぼ同じ趣旨の指摘を聞いた。「エントリーシートや面接をとおして、学生時代にどのような活動に打ち込んだかといった体験などについて、自己アピールをしてもらうと、どの学生も話題とする体験談の内容は、ほとんどがアルバイトに関するものだけで終始し、うんざりしている。本来ならそれ以外の活動を語るべき話題にしてほしいところだし、そのような学生がいると同じ話を聞かされなくてすむのでホッとする。それだけでも評価は高めになるはずなのに」とため息まじりに打ち明けてくれた。そしてこうつづけた。「近頃の学生にとってアルバイトがあまりにも主要な日常的活動になり、それ以外の課外活動に目をむけようという姿勢が失せてしまったのではないか。だから学生たちはアルバイトの話しかしないのではなく、その話しかできないのではないか」というのである。

つまり、ことアルバイトに関していえば、「学生が面接等でアピールする項目」と「企業が採用基準で重視する項目」とのあいだでギャップが生じる原因は、アルバイトの話題で自己アピールすることが、企業から高評価につながるとの学生の誤解にもとづくものではない。そもそも他の人に堂々と語れるほど学生時代に打ち込んだ活動が、アルバイトだけしかなくなったことにこそあるのではないか、というのが彼の見立てであった。

そのような状況の善し悪しは別として、ここで強調しておきたいのは、彼の見立てが正しいとすれば、アルバイトはそれほどまでに深くかつ広く学生生活に日常的に食い込んだ主要な活動になっているということである。

4　本書の構成

ここまでみてきたようにアルバイトは恋愛・サークルとならんで、キャンパスライフを語る上で欠かすことのできない重要な活動・関心事になっている。それではこれらの活動はどのような推移をへて、今の繁栄にたどりついたのだろうか。

たとえば異性との交際を目的とする活動は「合ハイ」（合同ハイキング）という形態で、戦後まもない時期に開始された。さらにそれは初期の頃には、大学の学生部を仲介する形で行われていた。恋愛活動については、拙共著『キャンパスライフの今』第一三章で、一章を割いて十分論じておいたので合わせてご参照いただきたい。右記の本のなかではアルバイトの歴史についても、章を割いて紹介しているものの、紙幅の関係で割愛せざるをえなかったことが多々ある。そこで本書では、その割愛した箇所のみならず、近年の動向を新たに含めてアルバイトの歴史を紹介したい。

アルバイトのあり方は大まかにいえば、以下の四つの時期で大きく変化してきた。

①「アルバイト」という言葉が登場する以前の時代、②「アルバイト」という言葉が登場する時代、③高度経済成長時代からバブル経済が崩壊するまでの時代、④バブル経済崩

壊後の時代、である。以上の時期区分との関係でいえば、本書は、つぎのような構成になっている。

第二～三章では、②の時代に焦点を当てつつ、①の時代についても補足する。第四～五章では、③の時代におけるアルバイトの性格変化についてみていく。第六章では④の時代について奨学金問題との関連やブラックバイト問題、外国人留学生アルバイトの問題、コロナ禍がアルバイトに及ぼした影響などを含め、ごく最近のアルバイト事情を取り上げたい。そして終章となる第七章では第二～六章で綴ってきた歴史を総括し、それを踏まえた上で学生アルバイトの現代的課題を考察する。

本書の大きな特徴の一つは、とくに戦後の変遷については、文献資料のみならず、統計数字をもとに時系列的に明らかにしていくことである。日本の大学生に関する学生生活費支出・収入については、かなり早い時期から長期間にわたって、継続的に行われてきた全国規模の調査が存在する。アルバイトは重要な学生生活費収入源の一つであるので、それらの調査のなかで、ある程度細部に踏み込んだ内容をもつ調査がなされていることはいうまでもない。

具体的な名称を記しておけば、第一が、『学生生活調査』である。この調査は、二〇〇〇年度までは文部省によって、省庁再編後の二〇〇二年度は文部科学省によって実施されていた。それが二〇〇四年度からは日本学生支援機構に移管されることになった。その最新版が、本章で先にその数字を紹介した、日本学生支援機構『二〇一八年度 学生生活調査報告』である。この調査についていえば、その公表データは、終戦後二年目の一九四七年度にまでさかのぼることができる。そしてその後も、一九六五年度まで断続的に調査が行われている。のみならず一九六六年度からは隔年で定期的に実施されるようになり、現在にいたっているのである。なお参考として、この調査の実施責任機関の変更などにともなう公表データの掲載誌の変遷については、巻末に一覧を付けておいた。本書では、『学生生活調査』に掲載されている数字をもとに作成した図表が、いくつか出てくる。それらについては、とくに断らない場合は、この一覧に示した文献すべてから数値を適宜拾い出して作成したものである。よって煩雑さを避けるため、数値の出典は割愛することにした。

第二が、一九六三年以降、毎年実施されている、全国大学生活協同組合連合会『学生の消費生活に関する実態調査（キャンパスライフデータ）』である（以下、『生協調査』と呼ぶ）。この調査では、学生生活費関連の項目にとどまらず、幅広く大学生活についての調査が行われている。

これら二つの調査を利用して、最初の調査から最近の調査までの数値をつなぎ合わせると、たとえば先に二〇一八年度について示した、アルバイト従事率・職種・収入額、アルバイト従事学生の家計状況などが、時系列的にどのように推移してきたかを、数字をもとにして目に見える形で確認することができる。それを分析・研究したのが本書である。

最後に、本書をとおしての表記上の注意点について触れておきたい。まず、本書での引用については現代語表記に直すとともに、必要な場合は句読点を補ってある。また、引用文中の［ ］は引用者による補足であり、……は中略を表す記号として用いている。

第二章　「アルバイト時代」の登場

1 「アルバイト」という言葉の誕生

第一章で記したように、副業という意味での「アルバイト」という言葉は和製ドイツ語である。それではこの和製ドイツ語は、いつの時期から誰が用い始めたのだろうか。

この点を知るためにまず、後に東京大学の総長となる経済学者の矢内原忠雄《やないはらただお》の証言を紹介しよう。彼は、「アルバイト」という和製ドイツ語を初めて耳にしたときの驚きを、つぎのように回想している。

東大教養学部長の驚き

一九四九年に、「私が最初の教養学部長として駒場に赴任したとき、私は初めて『バイト』ということばを聞いた。そして、『それは何ですか』と尋ねて、『アルバイト』の日本語だということを知り、一種の驚きを感じたことを記憶している。『アルバイト』ということばそのものが、特殊の意味をもつ日本語となっているのである。私どもが学生時代にも、家庭教師、新聞配達、牛乳配達などをする学生がいたが、その人数はきわめて少数であった。人力車夫をした人も知っているが、これなど例外中の例外であった。しかるに今度の戦後には、アルバイト学生の数は非常に多くなり、少しも珍しいことではなくなったばかりでなく、学校としても積極的に世話をしなければならぬ教育問題の一部となったのである」。

なお、彼が東京帝国大学の法学部に入学したのは一九一三年のことである。その彼の経歴をもとにすれば、この回顧からはつぎの三点が明らかになる。第一に、一九一三年以降の時期に少なくとも限っていえば、戦前期にもアルバイトをしている学生は存在したものの、ごく少数であった。第二に、「アルバイト」という和製ドイツ語が、日本で初めて一般的に使われ始め普及していったのは、終戦後まもない時期のことだった。第三に、「バイト」という略語がすでにこのときに登場していた点である。

そしてこの第一の点に関連して、学生の多くがアルバイトをせざるをえなかった状況を踏まえ、たとえば東京大学文学部事務長の尾崎盛光《もりてる》は、『日本就職史』（一九六七年）という著書のなかで、一九四〇年代後半（昭和二〇年代前半）の時期を、「アルバイト時代」と命名している。

「アルバイト」と「内職」・「苦学生」

それでは、「アルバイト」という言葉が登場する以前には、アルバイトに相当する活動は何と呼ばれていたのだろうか。さらにどのような事情のもとで、なぜその用語に代わってわざわざ「アルバイト」という言葉が使われ始め、それが広まっていったのだろうか。この点についてたとえば東京大学教養学部教授の加藤橘夫《きつお》は、つぎのように回顧・説明している。

「終戦直後、学生がぞくぞく復員して大学に現れたが」、「経済的社会的混乱期」とも呼べる当時の状況のもとで、「学資はもちろんのこと生活費すら欠くといった有様《ありさま》で、どの学生もなんらかの仕事によって金を得なければならない状態だった」。こんな情勢のなかで、「学生の間から働くことをアルバイトと何時とはなしにいい出されて」、それが彼らのあいだに広まっていったのである。「もとより戦前においても少数ながら働いて学業を続けていた学生、すなわち苦学生がおり、その学生の就職業種（新聞、牛乳配達、家庭教師等）を内職と呼んでいた。……戦後、殆《ほとん》どの学生は働くことを余儀なくされたが、働くことに抵抗を感ずるどころか、自ら進んで仕事を求めたのであった」。「たしかに、学生の内職とか、苦学生といった言葉が戦前によく使われたが、それに関係する学生はごく少数であり、その言葉にもなにか卑屈なみじめな感じがあった。これにくらべれば、アルバイトという言葉は堂々としている。そんなことが当時の学生にマッチしたのかもしれない」。「むしろ戦前の苦学生という語韻《ごいん》にまつわる暗さや卑屈さに抵抗して、明るさと希望を以てアルバイトという語を用いたのであろう。しかも英語ではなく独逸語《ドイツ》を用いたところに、学問と真理を探求する当時の学生らしい気概が現れていると思われる。というのは、もともとアルバイトという独逸語には労働とか職業とかという意味の外に、研究、或いは論文作成、或いは労作等等の知識技術的意味も含まれていて、学究の若人《わこうど》には親しみ用いられていた語であったからである」。「そして、この言葉はしばらくするうちに、学内から学外に流れだし、世の中でもじゅうぶん通用するようになったのである」。「しかし、この語も次第に普遍化するとともに、時には通俗的に用いられ、或いは『アルバイトくずれした学生』とか、『押し売りアルバイト学生』とかいう好ましからざる用語例が生じたこともあった」、と。

「アルバイト」という言葉に込められた語感

以上に引用した加藤の説明を、補足しながらまとめておこう。

該当年齢人口(一八歳人口)に占める高等教育(大学・短大・高等専門学校)への進学率は、一九五五年時点でも一〇・一%にすぎず、当時の大学生はまさしくごく少数の恵まれた家庭出身のエリートであった。しかし終戦後の混乱のなかで生きていくために、エリートとしての自負をかなぐり捨てなければならないような職種の労働に、不本意ながらも従事せざるをえなくなったのである。それだけでも卑屈で、みじめな気持ちになった学生は多かった。

そのような状況のなかで、「内職」とか「苦学生」といった言葉を用いると、ますます卑屈さやみじめさが上乗せされる。なぜなら戦前期においてアルバイトを行っていた学生はごく少数派であり、そのほとんどが、学費・生活費を稼ぐことを目的としていた。それゆえに、「内職」とか「苦学生」とかいった言葉には、なにかしら暗い感じがつきまとっていたからである。

それに比べて、カタカナ言葉であることもあって、「アルバイト」という用語は明るい語感をもつ。のみならず、自分は生きていくために仕方なく働いているのではなく、それをとおして「研究」しているのだ、といった意味合いを込めることができ、「堂々としている」。それゆえ学生のあいだから、自分を鼓舞するためにも「働くことをアルバイトと、何時とはなしにいい出されて」、それがしだいに広まっていったのだという。

なお現在では、学生用語としての「内職」という言葉は、授業時間中にその授業とは関係のない勉強などをする行為を指す言葉として使われている。つまり、終戦直後の時期を契機に、戦前期に使われた「内職」という用語は、完全にアルバイトという言葉に置き換わり、いまや死語になってしまった。それほどアルバイトという言葉は内職や苦学生という用語に比べて、学生にとって魅力的な響きをもつ用語であったことになる。

　ただし、学生がアルバイトという一般庶民にはなじみのない言葉を使った背後には、エリート意識も透けてみえる。たとえば文芸評論家の荒正人《あらまさひと》は、そこに、「一般労働者の労働から区別して考えるような特権意識のようなもの」を嗅ぎ取り、「このことばのニュアンスは必ずしも好ましいものではない」と、『わが大学にある日々は――アルバイト学生の手記』（一九五三年）という本の解説のなかで断言している。

　それはさておき、戦前期においてアルバイト学生を指す言葉は「苦学生」だけであり、それ以外の呼称がなかったことは重要な意味をもつ。なぜなら戦前期には経済的理由によらないアルバイトをしている学生がいたとしても、それはきわめて少なかったことを示唆しているからである。つまり戦前期の「アルバイト」は、ほとんどの場合、学費・生活費を賄《まかな》うために行われていたことになる。

2　「アルバイト」という言葉の誕生前史

　正確にいえば今の意味での「アルバイト」という言葉が日本で最初に使われたのは、日本語学者の米川明彦によると、戦前期にさかのぼる。たとえば第八高等学校（名古屋大学教養部の前身）では、今と同じ意味で「アルバイト」という言葉が隠語として使われていた。東京高等師範学校や東京文理科大学（いずれも現在の筑波大学）でも、家庭教師の意味で、「アルバイト」という言葉が隠語として使われていたという。しかし一高（東京大学教養学部の前身）や四高（金沢大学の前身）などでは、今の意味での使用法はまったく広まっておらず、ドイツ語の原義である『業績』［先の加藤からの引用でいえば研究、論文作成、労作など］の意味を残した外国語に近」い用例で使われていた。そして、八高の場合もその意味での用語例が多く、「内職」の隠語の意味での「使用度は低かった」、という。

つまり今の意味での「アルバイト」という言葉は、戦前期においては学生のなかでさえほとんど使われない特異な学生隠語であった。それが終戦後に一挙に日常語として広く定着、浸透していったことになる。

矢内原忠雄が指摘するように、①「国民の一般的窮乏」に加えて、②「大学制度の改革により、大学の数と大学生の数が増加したこと」、③「旧制の学校や師範学校のように、官費で教育を受ける学校がなくなったこと」なども、戦後になってアルバイト学生の数が激増する要因となった。そして、こうしたアルバイト学生数の増加にともない、学生アルバイトは巷《ちまた》の日常的風景に溶け込んだ社会現象になると同時に、「アルバイト」という和製ドイツ語が、広く世間に浸透していったものと考えられる。

いずれにせよこうしてみると、「アルバイト」と呼ばれる活動は、もともと学生と深いつながりをもっていたことがわかる。

3 「内職」の時代におけるアルバイト事情

それでは、「アルバイト」というハイカラな用語がまだ登場せず、「内職」とか「苦学生」という言葉しかなかった時代、つまり戦前期においては、学生アルバイトの状況はどんなものだったのだろうか。時間を巻き戻してみてみよう。

明治期におけるアルバイト学生の実態

まず、今より百年以上も前の明治時代に早くも、アルバイト精勤学生批判に合わせて、大学生の遊び文化志向や学力低下を指摘する声があったことに驚かされる。鈴木力《ちから》（ペンネーム、天眼子《てんがんし》）は『活青年』（一八九一年）という著書のなかで、つぎのように述べている。

この本によれば、当時の学生アルバイトは、新聞の原稿書き、翻訳、他人の代書などの文筆などが主流であった。さらに天眼子は、当時のアルバイト学生の実状を、時事新報の記事をそのまま引いて紹介する。

「試みに彼等が本務なる学校の就業時間を一周間内［一週間のうち］二二時間と見積る時は、残り一四六時間は内職となる」。学費のほかに「彼等が仲間の交際費やら着物料やら、これまた三〜四年前とは雲泥《うんでい》の違ひ、その物入り並々ならず。されば時間に余裕ある内職」にセッセと励んで、「月々若干《じゃっかん》の収入を見込むは、親の脛《すね》をかじる昔の馬鹿息子より遥かに優れるとも劣らじ、まことに感心。感心とはいうものの、サテ又一方の本務はドウであろうかと、その成績を点検すれば、内職に励む彼等に限って席順［成績］が下の下とは心細き次第」だ、と。

この時事新報の記事を補足しながら、天眼子は以下のように嘆いている。よほど生活に「余裕なき書生［学生］の身なれば、内職以て自ら助くるも」、ある程度までは仕方がないとしても、アルバイトをしてお金を稼ぐ目的が、「新形の洋服を着たいとか、玉撞《たまつき》［ビリヤード］屋の美婢《びひ》に気前［のよいところ］を見せたいとかいう下劣心《げれつしん》に駆られて、ために本務を怠るに至るは苦々《にがにが》しき沙汰《さた》というべきなり」、と批評しているのである。

学生がアルバイトに精を出す理由

それでは、このように学業をおろそかにしてまでアルバイトに熱中する学生が、なぜ出現するようになったのか。その理由を、天眼子はつぎのように説明する。

帝国大学を卒業するまでの最難関は、高等中学校（後の旧制高校）の卒業試験であり、それを乗り越え、大学に進学すると、「ホット一息、五［〜］七年の苦労を一朝に愉快の中に散するなり。それと同時にこれまで苦心して学習せる科目をば、概《おおむ》ね記臆［記憶］の外に捨てて、顧みざるを常とす。顧みざるにあらざるも、元来無理に脳裏に詰め込みたる事故《ことゆえ》、一たび気をゆるせば、たちまち飛散するも理《ことわ》りなり。されば大学に入りて後は、学力かえって退歩」するということがしばしば起こっている。とにかく「大学の科程［授業］は極めて容易なり、高等中学に在る時のごとき勉強力をもってせば、三年間の科程を一年間に学修し得ること、必然なる様なる事情なれば、単に学士免状のために学ぶ学生は、おおむね内職を始め、その堕落、費を貪《むさぼ》るに至る」のだという。

以上を、現代的表現を用いて要約しておこう。

帝国大学を卒業するまでの最難関は、高等中学校（後の旧制高校）の卒業試験である。だからそれを乗り切り大学に入学すると、学生たちはホッと一息、遊びに夢中になり勉強を怠るようになる。かくして大学生の学力低下は、著しい傾向となる。とくに学歴をえるためだけに大学に進学してきた学生たちは、おおむね内職（アルバイト）を始め、堕落の道へ転がり落ちていくのだと。このような議論を展開した後に、天眼子は、以下のように嘆いている。よほど生活に余裕のない学生が、アルバイトをして生活費や学資を自ら稼ぐことはある程度までは仕方がないとしても、洋服の新調や、ビリヤード屋に勤める美人のお姉さんに気前のよいところをみせたい、などという不純な目的でアルバイトにうつつを抜かし、本務である学業を怠るといった行為は、言語道断というべきだ、と述べている。

一九九〇年代半ばまでとの共通点

大学に入ると同時に、学生が勉強しなくなり、遊興費稼ぎのためのアルバイトに勤しむ理由を、天眼子はそのように説明する。ここで、「高等中学校の卒業試験」という言葉を「大学入試」に置き換えるなど、いくつかの部分を現代風にアレンジしてみよう。そうすれば一九九〇年代半ばくらいまでに大学受験を経験した世代にとっては、今から一〇〇年以上前の批判であると言い当てられる人はほとんどいないにちがいない。

一九九二年をピークに日本の一八歳人口は減少に転じる。それを受けて選ばなければどこかの大学へ入学できる時代が到来し、現在にいたっている。しかしそれ以前は大学受験生は激烈な受験競争にさらされていた。この時代を経験したほぼすべての人は、つぎのように諭された記憶をおもちのはずである。大学に入学すれば好きなだけ遊べるから、それを楽しみに高校時代には禁欲し受験勉強に励むように、と。さらに大学教育の中身というよりは、学歴をえるためだけに大学に進学する学生が多いとの批判もしばしば聞かれた。そしてこれらの傾向こそが、日本の大学が「レジャーランド化」している主要な原因であると指摘されてきた。このような一九九〇年代半ばまでしばしば耳にした、大学生の遊び文化志向やアルバイト精勤学生に対する批判とほとんど同じ状況が、すでに今から一〇〇年以上前に出現していたことになる。

当時のアルバイト従事率

以上に示したような天眼子の論調だけをみると、一昔前の大学と同じように、当時の大学も遊びやアルバイトに邁進する学生であふれていたような印象を受ける。はたして本当にそうであったのだろうか。

戦前期の日本では、大学を何番の成績で卒業したかといった卒業席次が、就職先のみならずその後のキャリア、出世にさえ大きく影響した。しかも戦前期の日本は総じて貧しかった。潮木守一や竹内洋（いずれも教育社会学者）によれば、だからみながエリートと認める職や地位に就き、豊かで安定した生活を手に入れるため、多くの学生は講義録を棒読みするだけという、大学教授のつまらない授業にもせっせと出席した。そして教員がしゃべったダジャレはいうに及ばず、咳払いをした箇所までも丹念にノートを取り、その内容を棒暗記すべく必死に勉強したという。

こうしてみると、天眼子が問題にしたようなアルバイト学生は、社会的に目につく存在であったとしても、実際のところ、突出したごく一部の少数派にすぎなかったものと推察される。その点は、先に引用した矢内原や加藤の回顧からも明らかだと思われる。

さらに、いくつか数字を挙げておけば、東京帝国大学の学生を対象として一九三四年に行われた調査をもとにすると、アルバイトで学生生活を維持している学生は七％、一方、親からの仕送りのみで生活している学生が七六％であった。同様に、東京帝国大学学生主事（現在の学生部長あたりに相当する職員）の大室貞一郎《おおむろていいちろう》も、一九四〇年頃のアルバイト従事率は、全学生の一割程度だったと指摘しており、両者の数字はほぼ一致している。

ただし高等教育研究者の天野郁夫はつぎのように指摘している。「例えば東京帝国大学の『学生生活調査』（昭和一三［一九三八］年）は、学費負担が『容易』三五・八％、『可能』四四・五％、『困難』一六・四％という数字を挙げたあとで『然《しか》し可能という中には、なお実際の［家庭からの］給付［仕送りなど］が十分でない者も含むらしく、学資給与先の調査に於《おい》ては家庭以外の収入（内職、奨学金等）をも学資に繰り入れる者』が二四・〇％に上り、『支給困難なるものの数を超えている』と指摘している。負担能力の低い層が、四割近くに上っていたことになる」。

この二四・〇％のうち、奨学金などを除いてアルバイト（内職）を「学資に繰り入れる者」がどのくらいいたのか、正確な数字はわからない。同様に学費負担が「困難」な学生のうち、どの程度がアルバイトをしていたのかもわからない。しかし天野の指摘を考慮すると、アルバイトに従事している学生の割合は実際にはもう少し高かったものと推測される。

だとしても、アルバイト従事学生はそれほど多くなかったにちがいない。なぜならここに示した数字はいずれも、東京帝国大学に関する数字で、一九三八年時点における「富裕層」（学費負担能力の高い層）の比率は、帝国大学や官立高等教育機関に比べて私立高等教育機関は約一・五倍多かったとも、天野は指摘しているからである。よって私立高等教育機関を含めると、アルバイト従事率はもっと低くなると思われる。一九二七年に始まる金融恐慌を引き金に、その後日本は農村を中心とする昭和恐慌の時代へと突入する。一九三〇年代の統計は、その影響がまだ強かった時代の数字である。よってその点を割り引けば、明治・大正期におけるアルバイト従事者は、より少なかったものと思われる。

アルバイト学生が目立った理由

話は現代まで飛ぶことになるものの、以上の点を補足しておこう。一九八〇年代に若者の特徴を指す呼称として、「新人類」という言葉が流行したことは、多くの人が知る事実である。そしてそのとき、とくに新しい情報メディアに素早く積極的に対応している姿をもとに、彼らは「情報新人類」とも呼ばれた。しかし、小谷敏『若者論を読む』では、今から振り返ると、これは、「情報メディアに対応した一部の若者」たちの立ち居振る舞いが、「目立った行動であるがゆえに、全体の若者像に容易に拡大されてしまった」結果だったと指摘されている。現代を舞台とした、この「情報新人類」論と同様に、明治期になされた天眼子による不純な動機にもとづくアルバイト精勤学生に対する批判も、実際の人数という面については、かなり割り引いて理解した方がよいと思われる。

戦前期の「苦学生」群像

同様に戦前期のアルバイト学生のすべてが、天眼子の批判するような、「洋服の新調や、ビリヤード屋に勤める美人のお姉さんに気前のよいところをみせたい、などという不純な目的でアルバイトにうつつを抜かし、本務である学業を怠っている類の学生」だったわけではけっしてないことも、強調しておかなければならない。学業との両立を図りながら、その合間に、学費や生活費を何とか捻出するためのアルバイトに必死に取り組んでいる学生も多かった。まさしく言葉どおりの苦学生たちである。

ここで『実業の日本』という雑誌の記事をもとに、昭和初期の早稲田大学を例にとって、これら苦学生たちについての嘘《うそ》のような本当の話を紹介しておこう。

当時、大学校内へ毎日自動車で乗りつけ、自動車で帰っていく学生がいて、初めのうちは誰もが、彼のことを「ブルジョアの息子」と思っていた。しかし、それにしては彼の風《ふう》采《さい》は少しみじめでありすぎた。そしてこの疑問はまもなく、級友の一人が銀座で円タク（大正末期から昭和初期にかけて、料金一円均一で走っていたタクシー）を拾ったときに氷解した。彼は運転手をしながら苦学していたのである。

また、学校の授業をまったくサボることなく、すし屋を経営している学生もいた。このすし屋学生のスタイルは変わったものであった。つまり角帯《かくおび》に前掛けをかけて、ゴム長を履いてバケツを持っているのが、彼の通常のスタイルだったからである。ただし、いつも魚河岸《うおがし》へ買い出しに行った帰りに直接授業に出るので、その近辺に席をとった学生は魚臭いのに困った、ということである。

ここで二番目に紹介した学生は、アルバイト学生というよりは社会人学生といった方が適切だとしても、苦学生と呼んで差し支えないことにかわりはない。

戦前期のアルバイト職種

ただし、ここに示したエピソードの仕事内容はあくまで例外的な事例で、たとえば昭和初期に学生の大部分が従事していた、もっとも一般的なアルバイト職種は家庭教師であった。学校斡旋《あっせん》のものに限られるので、少々データに偏りが存在する可能性はあるものの、大室貞一郎の集計によれば、一九二八年時点での学生アルバイト職種は、家庭教師五七・四%、翻訳二一・三%、編集・筆耕・製図・調査・校正八・〇%、事務手伝い一〇・三%、その他三・〇%となっている。このように戦前期のアルバイト職種は、もっぱら知的労働に限られていた。

第二章　終戦直後のアルバイト事情

1　終戦直後のアルバイト事情

『東京大学学生アルバイト10年史』

第二章でみてきたように、戦前期においてはアルバイトはいまだマイナーな活動にすぎなかった。しかしそれは、終戦およびその直後の混乱期を迎えるにいたって、大きく様相を変えることになる。その点については第二章でも一部紹介したが、この章でより詳しくその状況をみておきたい。

ここに、一九五九年に東京大学「学生アルバイト」委員会編集で出版された、『東京大学学生アルバイト10年史』という本がある。「学生アルバイト」委員会とは何を目的として創設された、どのような組織であり、いかなる活動を展開したのかについては後に詳しくみていくとして、この年史は、一九四五年の終戦時から一九五九年にいたるまでの学生のアルバイト事情について、生々しい証言にあふれる、貴重かつ興味深い内容を満載した本である。たとえばこの当時の学生は意に反して、どのようなアルバイトに従事せざるをえなかったのか。この時期の学生の経済的苦境を目の当たりにして、東京大学後援の塾が設立されてさえいる。このような大学およびその他の組織、さらには学生自《みずか》らの手で、いかなるアルバイト開拓の努力がなされたのか。これらの事情などについての詳しい歴史証言が収録されているのである。前章で紹介した矢内原忠雄や加藤橘夫の証言なども、そこからの引用である。そこで本章では、この本の記述を中心に、当時の学生のアルバイト事情を紹介していこう。

アルバイト職種

第二章で示したように、戦前期のアルバイト職種はおおむね知的労働に限られていた。しかし戦後、その状況は一変する。終戦およびその直後の混乱期には、そのような贅沢《ぜいたく》をいっている暇などなくなってしまったのである。たとえば当時、東京大学経済学部教授の職にあった大河内一男は、終戦五年後にあたる一九五〇年までの状況をつぎのように説明する。

「終戦直後の混乱と放心状態、その後の引続くインフレの波濤《はとう》は青年たち自身の生活や、彼等の父兄の戦前の安定した生活の基盤を短時日の間に残すところなく破壊し去って了《しま》ったのであるから、次第に彼等の生活の焦点がこの『自活の途《みち》』に置かれるようになる。ところで、これらの『自活の途』や所謂《いわゆる》『アルバイト』と称《よ》ばれるものの中には、昔からの家庭教師や翻訳下請などはもちろん官庁、会社の事務労働、雑誌出版の編集事務からはげしい筋肉労働までを含んでいる。そしてこれらの外に、街頭での宝くじの販売や進駐軍

〔＝占領軍〕放出のチュウイン・ガムやチョコレートの販売からはじまって、得手得手《えてえて》〔それぞれの得意〕にしたがって、サンドウィッチマンもあれば、ダンス・ホールのバンドに雇われてゆくのもあり、ヤミ会社や、ブローカー営業の経営主に成り済ましているものもある。昔の『苦学生』は、学生の極《ご》く例外的な一部であったが今日では学生のほとんど全部が大なり小なり『アルバイト』によってその生活を支えている。育英資金〔奨学金〕などを受けている運のいい学生はホンのわずかで、それでも『アルバイト』なしでは済まされない。だから、今日の学生の問題は『アルバイト』抜きでは考えられない」、と。

なお、ここに出てきた「ヤミ会社や、ブローカー営業の経営主に成り済ましているもの」とは、後述する「光クラブ事件」のことを指すものと思われる。

この時期に話題となった学生アルバイト職種は、ここに出てきたものにとどまらない。「昭和二四、二五〔一九四九～五〇〕年の頃は、戦後のインフレーション時代を経て、『経済九原則』、『ドッジライン』等によるデフレーション時代で、中小企業が陸続として〔ぞくぞくと〕倒産し、国内失業者が社会に充満している状況であったので、この只中《ただなか》にあっての学生アルバイトの開拓は容易なことではなかった。従って、戦前には見られなかった学生アルバイトの新職種すらも現れてきたのである。『肉体労働』或いは『ムスケル〔英語の muscle に当たるドイツ語〕・アルバイト』〔筋肉労働〕、各種の『セールス・マン』

或いは『夜バイト』或いは『給血』等々。かくしてここに、重要な社会問題と教育問題とを提起することになったのである」。

ヨルバイト

今では耳慣れない「夜バイト」や「給血」というアルバイト職種が出てきたので、説明を加えておこう。

一九四九年一一月一三日付けの朝日新聞の朝刊によれば、「女子学生の中には特殊喫茶店やビヤホールにつとめるものが増え、不健全アルバイトは〝ヨルバイト〟の新語まで生んで社会問題化し」たことが報じられている。誤解のないように補足しておけば、「特殊喫茶店」とは、今でいう性風俗店ではない。もっぱら占領軍関係者を相手にアルコール類も提供し、夜遅くまで営業していた喫茶店のことである。

今では女子学生がアルコール類も提供する店で、夜遅くまでアルバイトを行う姿は当たり前の風景になっている。しかし先に示したように、該当年齢人口（一八歳人口）に占める高等教育（大学・短大・高等専門学校）への進学率は、一九五五年時点でも男女計で一〇・一％にすぎなかった。女子に限れば四・九％であり、ほとんどがごく少数の恵まれた家庭出身の良家のお嬢様であった。その良家のお嬢様がアルコールを提供する店で、しかも夜遅くまで働くなどということは、戦前期の、つまり一昔前の世間的常識では考えられない「不健全」きわまりない行為であった。それが「ヨルバイト」がことさら問題視されたゆえんである。

給血――五木寛之も経験したアルバイト

先にみた引用をもとにすれば、「給血」をアルバイトとしている学生まで存在し、当時、問題になったことがわかる。当時の事情を知らない人たちのために補足しておけば、「給血」とは今の「献血」のことではない。売血のことである。

一九五二年に早稲田大学第一文学部に入学し、後に作家となる五木寛之も、その経験があると回想している。「学費も生活費も自ら賄う苦学生だった。［福岡から］上京してまもなく新聞販売所で住み込みで働くことに……。どうにもならなくなると、製薬会社に売血に行きました。一回行けば何とか一週間食えたんです」。

この給血アルバイトについていえば、一九五二年にアルバイト学生を対象として文部省が行った調査をみると、アルバイト職種として「給血」を挙げた学生は、全体の一・一%（六九人）いる。のみならずそのうち一人の学生は、その種の「稼業」を不定期ではなく、定期的アルバイト行為として行っている、と報告してさえいる。数字の上ではごく少数者にすぎないとはいえ、学生苦難の時代を象徴する話として印象深い。

身を売るくらいなら血を売ろう

ここに一九五三年に出版された、『わが大学にある日々は——アルバイト学生の手記』という本がある。この本は一九四〇年代後半から一九五〇年代初めまでのアルバイト学生の体験談を集めたものである。

その本に収録されている、早稲田大学文学部二年の女子学生の手記をもとにすれば、女子学生のなかでさえ売血アルバイトの行われていたことがわかる。以下に示す彼女の手記からは、それにまで手を染めざるをえなかった悲壮な覚悟がひしひしと伝わってくる。

「つい一、二年前、血を売って学費をかせぐというアルバイト学生の記事を読んで涙した私が、いよいよ自分もそうせざるを得なくな」り、「身を売るくらいなら血を売ろうと……決意し」、「両親からの賜物である血を売」ることについに手を染めてしまった。その後、夏休みを利用して海浜で路上売り子（販売）のアルバイトを行ったものの、「ここで得る僅《わず》かな利益ではどうにもしようがなく、……また血を売りに行った」という（ただし二回目は「身体検査の結果、……健康状態が極度に悪」いことが判明し、断られている）。

この本のなかでは、母子家庭の高校三年の女子生徒が、パチンコ屋でアルバイトをしている事例も紹介されている。以上の手記を総括した「解説」で荒正人は、「女子学生のアルバイトに共通しているのは、働いてまで学校にゆく必要はあるまい、という周囲の声につよく抵抗していることである」、と指摘している。つまり世間からの白い目・好奇の目に耐え、女子学生たちがヨルバイトや売血などを含めた不健全アルバイトにまであえて従事した背景には、学びたいという思いをもとにした、とくに高等教育での学びに対する彼女たちの強い決意があったことを忘れてはならない。

命がけのアルバイト——人体実験

またこの本のなかの手記をもとにすれば、学生たちが「人体実験」と名付けたアルバイトも存在した。このアルバイトについては、それに従事した二人の私立大学生が手記を寄せているので、その体験談をもとに紹介しておこう。

それは国立予防衛生研究所（国立感染症研究所の前身）で行われた、「伝染性下痢症患者の菌を処理したビールス［ウイルス］」を飲む」というアルバイトである。「罹患すれば猛烈な下痢を起こすことは承知」の上で被験者となり、一回目の投与で発症しなかった人は、その後も数回の投与を受け、発症の有無が調査された。最終的には被験者九人のうち八名が、「発病し次々と倒れてい」ったという。片方の学生は、「三食付きで入院して日当一五〇円と発病手当一〇〇〇円という条件に、その時は夢中で応募した。一五日間の契約だから、発病すれば三千円以上の金がそっくり手に入るという計算」に「そそのかせ」られて、このアルバイトに応募した。しかし、もう片方の学生によれば、二回目の投与で発症したそのすぐ後から、「腹部に圧迫を感ず。……眠れぬ悪夢の夜は明けても昨夜の圧痛は一向におさまらず、ただ身体も衰弱と疲労で起きる元気もなくなる。全然食欲もな」くなり、「一日一三回の下痢」に悩まされた。発症から三日目の深夜には「腹部圧痛」が「激しくなり、息苦しさを感」じ、「ただちに医師の急診を乞い、麻薬を使用」し、「徹夜の看護を」受けるはめに陥ったという。

一九五三年六月に千葉県茂原《もばら》市一帯で、下痢症状を訴える人が続出するという事件が起こった（茂原下痢症）。この事件のときにも、事件原因の究明のため、やはりアルバイトを募った「人体実験」（事件の原因と疑われた水道水を実際に摂取）が実施されている。先の日記風につづられた学生手記では、一九五一年二月八日に入院、三月一日に退院となっているので、この事件のときの「人体実験」とは無関係とわかる。しかし茂原下痢症のときに行われた「人体実験」から類推すれば、このアルバイトは伝染性下痢の病原ウイルスを特定することを目的として行われたものだと考えられる。

投与にあたりウイルスの毒性を弱める処理は行われていたにせよ、先の体験談をもとにすれば、まさに命がけと呼ぶことさえできるアルバイトであった。

人体実験の収入は

当時の証言によれば、給血料金は一回二〇〇ccで四〇〇円だった。それと比較すれば三〇〇〇円以上という「人体実験」は、給血の七・五倍以上の収入が期待できるアルバイトであった。この金額に「そそのかせ」られてという気持ちも理解できる。

消費者物価指数をもとにすれば、一九五三年の物価水準は現在の一六・一％（約六・二分の一）になる。よって単純計算すれば、当時の三〇〇〇円は現在の約二万円に相当することになる。ただし先の五木寛之の回顧では、売血一回分で四〇〇円（消費者物価指数換算で現在の約二五〇〇円）の収入を手に入れれば「何とか一週間食えた」とされる。同様に『東京大学学生アルバイト10年史』に掲載されている統計資料によれば、一九五四年の東京大学における自宅生の一ヵ月当たりの「学資総額」（学生生活費支出総額）は、本郷キャンパスの学生で三八〇〇円（自宅外生は八六〇〇円）、駒場キャンパスの学生で三五〇〇円（自宅外生で七二〇〇円）であった。この数字と比較すると、三〇〇〇円という金額は、自宅生の一ヵ月当たりの学生生活費支出総額の四分の三以上に相当する数字となる。よってそのアルバイト料は、消費者物価指数換算の数字より実質的にはかなり高い金額であったとみなせる。

図1　学生の経済状況

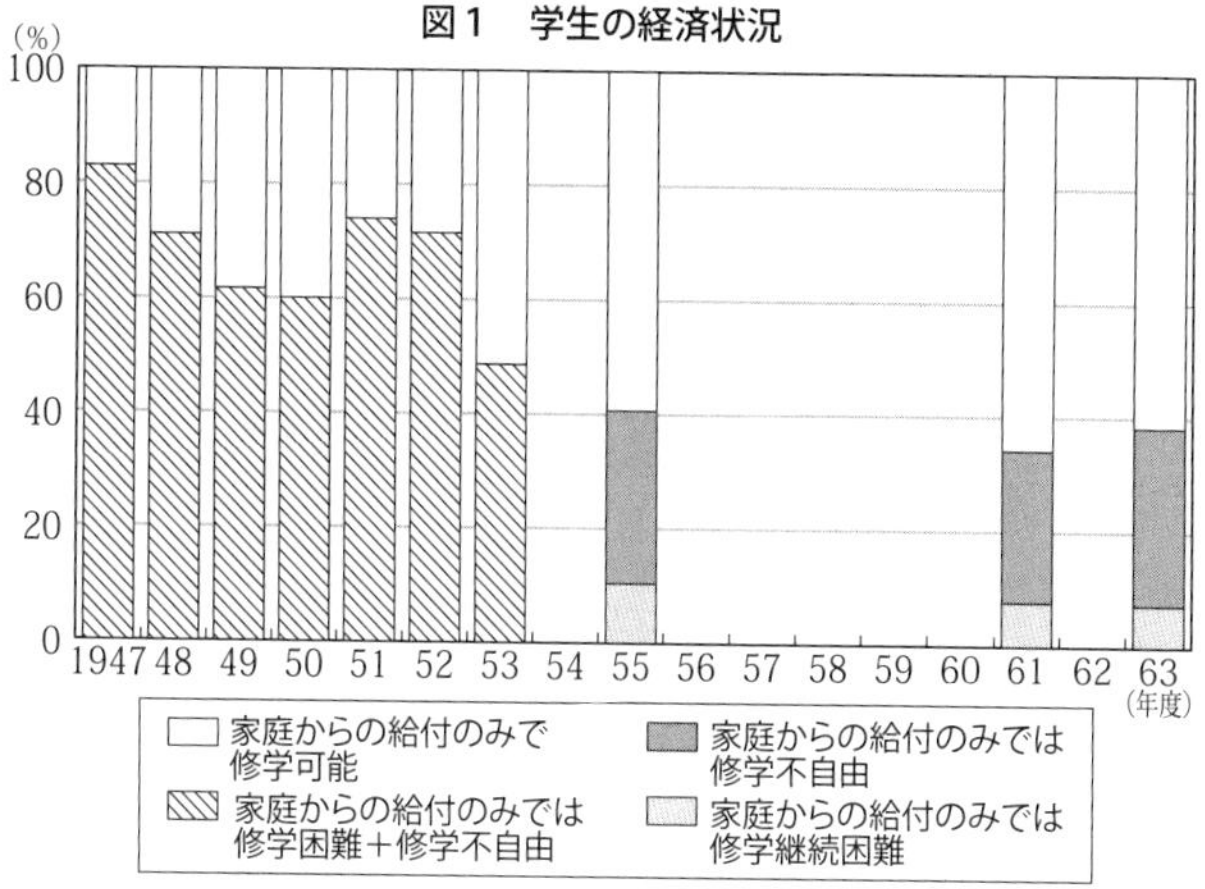

（巻末【学生生活調査収録誌一覧】に示した①～⑤の『学生生活調査』より作成）

なお、高木瑞恵は、以上に示した数値を、アルバイト学生を母数としたデータとして扱っている。しかし、上記②に示された実数データと照合すると、以上の数値は明らかに、アルバイト非従事者を含む全学生を母数とした比率であることがわかる。

当時の学生の経済状況

さてここで、『学生生活調査』の数字をもとに、この時代の学生の経済状況を図1でみておこう。

一九四七年度には、家庭からの給付（仕送りなどの援助）のみでは「修学困難」もしくは「修学不自由」な学生は、全学生の八三・〇％にも達していた。つまり大多数の学生が、学生生活を維持するために、すなわち程度の差こそあれ経済的理由によって、何らかの形でアルバイトを必要としていた。

一九五〇～五三年は朝鮮戦争特需によって、それ以前の戦後インフレおよびデフレ不況を抜けだし、日本は好景気に沸くことになる。そして五三〜五四年には、一時的にその反動不況に見舞われるものの、五五〜五七年には、神武景気と呼ばれる好景気が押し寄せる。

このように、日本社会がしだいに生活の豊かさを取り戻していくにつれ、経済的理由でアルバイトを必要とする学生は、図1をみる限りトレンドとしては、一九五〇年代半ば頃まで減少をつづけたことになる。ただし五二年度まではまだ、学生の過半数が経済的理由でアルバイトを必要とする状態がつづいていた。しかし五三年度にはついに四八・六%と過半数を切るまでに低下した。そして、五五年度以降、六三年度までは、経済的理由によってアルバイトを必要とする学生は、四割程度で横ばいに落ち着く。

以上でみてきた一九五〇年代初めまでの動向を直に反映するかのように、図1−1に示すように、授業期間中のアルバイト従事率も、一九四七年度の四一・〇%から、五二年度の二三・二%へと大幅に減少している。つまり五〇年代に入ると、基本的には経済的理由を中心とするアルバイトの必要度がようやく減少し、それにつれ学生が少しずつアルバイトから離れ、大学の授業に戻っていったとみなせる。

どの程度アルバイトが行きわたったのか

図1－1　アルバイト従事率

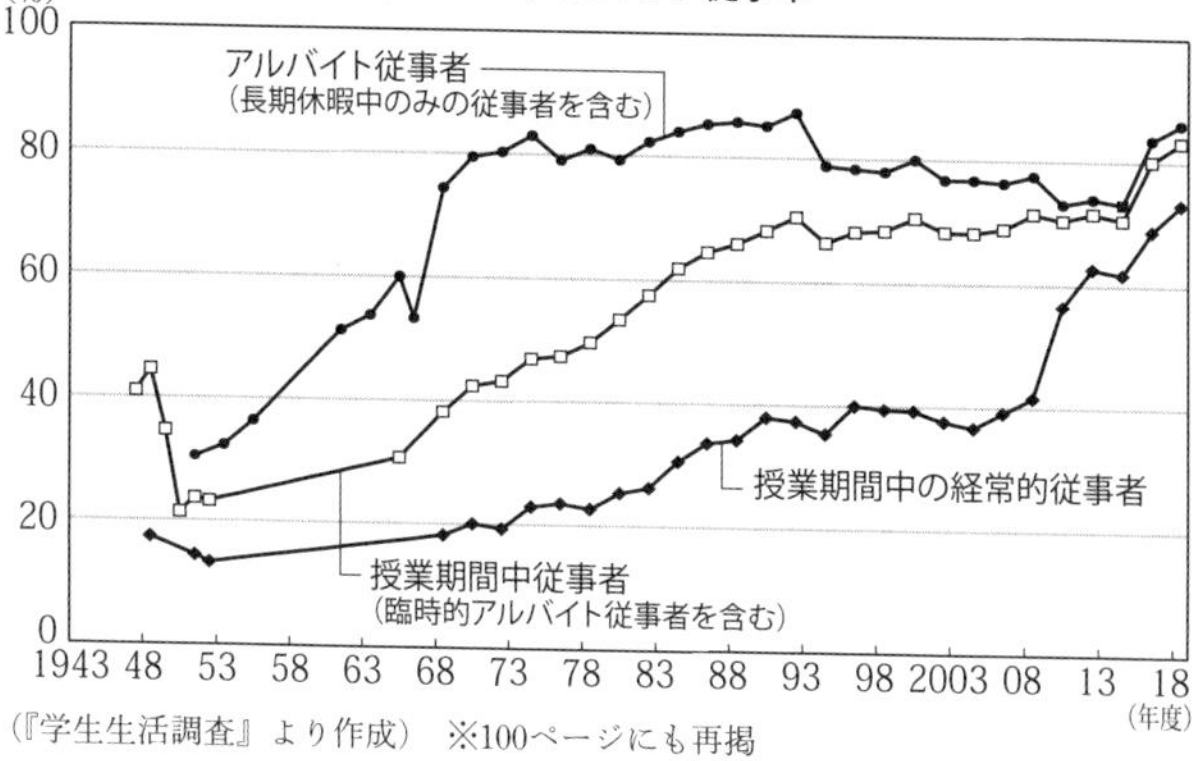

(『学生生活調査』より作成)　※100ページにも再掲

1　1951～52年度については、授業期間中の１ヵ月の収入をベースに、授業期間中のアルバイト従事率が算出できる。その比率と、巻末に示した【学生生活調査収録誌一覧】の②、⑤に示されたアルバイト従事率を比較すると、ほぼ一致する。そこで52年度までの数字は、「授業期間中従事率」とみなして図示してある。また51年度のアルバイト従事率は、６月調査が11月調査に比べ、10ポイント程度比率が高くなっている。そこで上に示した理由から、11月調査は「授業期間中従事者」とみなし、６月調査は幾分強引ではあるものの、「長期休暇中の従事者を含むアルバイト従事率」とみなすことにした。

2　この調査では、1968～2008年度については、104ページの図４に示した区分をもとにした集計がなされている。そこで、「授業期間中の経常的従事者」については、「長期休暇中にも授業期間中にも従事した」学生の授業期間中のアルバイト勤務形態が、「授業期間中に臨時的に従事」した学生と、「授業期間中に経常的に従事」した学生の比率を反映しているものとして推計している。

ただしアルバイトが必要な学生の比率とアルバイト従事率を比較すると、たとえば一九四七年には、アルバイトを必要とする学生の約半数しか、アルバイトにありつけなかったことになる。

以上のような状態は、アルバイトを必要とする学生四〇・七%に対し、アルバイト従事率が三六・四%とほぼ拮抗する、一九五五年度あたりまでつづいている（図1－1参照）。つまり、五〇年代中頃までは、アルバイトを必要としながらも、適当な職をみつけることができない学生があふれていた。このような状況のなかで、多くの学生たちが学業を継続するために、「不健全」な、つまり学生としてふさわしくないとみなされていたアルバイト職種にまで、手を染めざるをえなかったのは、ある意味で仕方がないことだったといえる。

アルバイト学生の授業出席率

労働省（現・厚生労働省）は、東京飯田橋公共職業安定所を訪れた学生を対象に、一九四八年六月に学生アルバイト勤務についての調査を行っている。そこでその調査をもとに、当時のアルバイト学生の実状をみておこう。

まず表1は、アルバイト学生の大学の授業への出席状況をまとめたものである。女子アルバイト学生については、ほぼ毎日（週五～六日）、大学の授業に出席している学生が約半数に達し、週二日以下しか出席していない学生は二％と、ごく少数にすぎない。これに対し男子アルバイト学生の場合は惨憺《さんたん》たるもので、ほぼ毎日、大学の授業に出席している学生は、一三％にすぎない。のみならず全然出席していない学生が約四割もいる。なお以上の結果を、一九四七年に東京大学文学部が行った同学部の学生生活調査で補足しておこう。

この調査によれば、アルバイト学生のうち、週四〇時間以上の労働に従事している学生は一七％、週二〇時間以上の労働に従事している学生でも四四％の多きに達しているという。

一九四八年の労働省による調査に戻れば、学業とアルバイトの両立に関する努力について、「学業を犠牲にする――両立せず」と答えた学生は約八割、「学生は学ぶことが本道だが致し方ない」と答えた学生が約一割にも達しており、「犠牲になる部分を一層の努力によって補う」と答えた学生は約一割にすぎない。そしてアルバイト学生から寄せられた、学校に対する希望としては、①「教室万能主義の教育理念払拭《ふっしょく》」、②「出席率を学業と結びつけてもらいたくない」、③「時世の変動を見《み》計《はか》らい休暇等も時には延期してもらいたい」、④「学校制度をもっと働くに都合のよいよう工夫してもらいたい」などが、男子学生・女子学生を問わず、主要なものとなっている。

表１　1948年におけるアルバイト学生の１週間の授業への出席状況

	男子	女子
全然出席していない	38%	0%
１～２日出席している	3%	2%
３～４日出席している	46%	51%
５～６日出席している	13%	47%
計	100%	100%

出典：『学徒厚生資料』第６号、1948年12月、pp.18-19

後の時代の授業出席率などとの比較

この時代の学生が、いかに学業を犠牲にしてまで生きていくために働かざるをえなかったかを浮かび上がらせるために、以上に示した数字をその後の調査結果と比較してみよう。

まず一九七一年に行われた全国大学生活協同組合連合会の調査結果からみてみよう。アルバイトの学業への差し障りについては、「授業・勉学ともに支障」が八・九%、「授業に支障」が七・二%、「勉学には支障」が三二・六%、「授業・勉学ともに支障なし」が五一・二%となっている。

つぎに一九八一年におけるアルバイト学生の大学の講義への出席状況を、『昭和56年版アルバイト白書』をもとにみておこう。そこでは「ほとんど出席」四九・〇%、「わりとよく出席」三三・九%、「あまり出席していない」一二・二%、「ほとんど出席していない」四・九%、という調査結果が出ている。

さらに一九八五年時点で、アルバイトが学業の妨げにどの程度なっていたのかを、『昭和60年版 アルバイト白書』をもとにみておけば、アルバイトが学業の妨げになることが、「おおいにあった」六・八%、「かなりあった」一五・五%、「あまりなかった」五二・〇%、「全然なかった」二五・六%、という数字が示されている。

いずれも質問の文面が異なるので、厳密な比較は行えないとしても、一九七一年以降には多くの学生が、勉学に支障がない程度に、余裕をもってアルバイトに励むことができるようになっていた。これに対し、一九四七・四八年にはほとんどのアルバイト学生が、いかにそれだけの余裕をもてなかったか、その悲壮な声がひしひしと伝わってくる。

アルバイトに対する学生の評価

しかしこういった状況にあった一九四七・四八年当時でさえ、学生アルバイトに対して冷たい目をむける人々も一部にはいた。なぜなら男子学生・女子学生ともアルバイトをしていて耐えられない点として、①「学問に対する情熱を失い易い」ことに加えて、②『近頃の学生は』と何かと批判的な眼で見られた時」を挙げているからである。とくに後者については、「近頃の学生は学生らしくないと一口に批判の声を浴びせてもらいたくない。その人達の学生時代を土台としての考え方では、今は合致せぬ」との憤りさえ、一人の男子学生から寄せられているのである。

以上の二つが、アルバイトに携わることの主なデメリットだとするならば、学生たちは収入面以外に、アルバイトにどんなメリットを見出していたのだろうか。すべての学生に共通する感想として、①「社会の内面的又は外面的なものを知り得た時、実際的学問の必要さを悟った」こと。②「同じ職場に文科［文学部］の学生あり、法科の学生ありで、相互の学問的刺激を得られた」こと。男子学生に多い感想として、③「自分の体力に自信がもてた」こと。技術系の男子学生ならびに女子学生に多い感想として、④「机上の知識が作業に活かし得た時」、などを学生たちは挙げている。

①のメリットについて補っておけば、先に紹介した『わが大学にある日々は――アルバイト学生の手記』を読むと、弱い立場にある労働者から雇用者がいかに搾取しているかといった点など、アルバイトをとおして気づいたさまざまな社会問題について触れている学生が多々みられる。なかには、それを自分が学んだことと結びつけて考察している学生も存在する。

こうしてみると、第二章で指摘したように、自分は生きていくためだけに仕方なく働いているのではなく、それをとおして「研究」しているのだ、といった意味合いを込めて「アルバイト」という用語を使い始めたという学生たちの自負は偽りのものではなかったといえる。

アルバイトの魅力の発見

ところで現在の学生がアルバイトをする理由としてよく口にするのは、第一に、アルバイトをとおして大学では教えてくれない「生きた学問」を学ぶことができる、第二に、自分とは異なる大学・学部の人や社会人など、いろいろな種類の人と出会うことができる、という二つである。

もちろん現在の学生がいう「生きた学問」とは、対人関係やマナーなどに関する実用的知識を指し、戦後混乱期のように社会問題への関心にまで及ぶものとはいえない。しかし言い分の表現だけに注目すれば、この二点に関するアルバイトの評価はすでに戦後混乱期に確立していたことになる。

だとすれば戦後混乱期において学生たちは、生活のためにいやいやながらアルバイトを始めたとしても、一旦その禁断の木の実に触れるや、お金が稼げることも含めて、そこで発見した魅力にとりつかれ、それを捨てようとはしなかったとみなせる。このように考えれば、現在の学生アルバイトの浸透を論じる上で、この時期の果たした役割は大きかったことになる。

2　現在におけるアルバイトと大学成績の関係

アルバイトは大学での勉強の妨げになるのか

ここまで、終戦直後の時期におけるアルバイトと学業の関係や、アルバイトの魅力などについてみてきた。ここで脇道にそれることにはなるものの、この時代を一旦離れ、現在におけるアルバイトと学業の関係の問題および、それとの関連でアルバイトの魅力について触れることにしよう。

アルバイトは大学での勉強の妨げになるとよくいわれる。しかしそれはアルバイトに度が過ぎるほどのきわめて長い時間をつぎ込んでいる学生に対するイメージをもとにしている場合が多い。それほどアルバイトにはまってしまっていない学生についても、はたしてアルバイトは勉強の妨げになっているのだろうか。

二〇一二年度までの『学生生活調査』は、日本学生支援機構単独の調査であり、もっぱら学生の経済生活面に関する質問内容に限られていた。それが一四年度からは国立教育政策研究所との共同調査になり、大学成績や大学の授業への評価など、経済面以外の学生生活に関する質問が加えられることになった。そこでそのデータを用いて、アルバイトと勉強時間、大学成績、大学の授業への評価などとの関係をみていこう（岩田、二〇一八）。

アルバイト時間と学習時間、授業への取り組み意欲、大学成績

まずアルバイト時間と学習時間、授業への取り組み意欲、大学成績との関係についてみていこう。

①アルバイト時間が長くなるほど、授業への取り組み意欲（「先生に質問したり、勉強の仕方を相談している」、「なるべく良い成績をとるようにしている」、「グループワークやディスカッションに積極的に参加している」、「必要な予習や復習をして授業にのぞんでいる」）は減退する。

②そのような授業への取り組み意欲の減退が嵩《こう》じる結果、アルバイト時間が増加するほ

ど、授業外学習時間（「大学の授業の予習・復習など」と「大学の授業以外の学習」）、さらには授業出席時間も、基本的には減少する傾向がみられる。

③それらの複合的結果として、アルバイト時間が長くなるほど大学成績は悪くなる傾向がみられる。

ただしかりにアルバイトの影響で授業外学習時間が短くなったとしても、授業への取り組み意欲さえ高く維持できれば、大学成績が下がることはない。逆の言い方をすれば、アルバイト時間を短縮してどんなに授業外学習に時間を投入しようが、授業への取り組み意欲をともなったものでなければ、大学成績がよくなることはほとんどない。つまりアルバイト時間の長い学生ほど大学成績が悪いのは、授業外学習時間が短くなるためではなく、授業への取り組み意欲が減退することによる。

④一方、娯楽・交友にかける時間は、アルバイト時間が長くなるほど増加する傾向がみられる。つまりアルバイト時間が長い学生ほど、娯楽・交友を含めて遊び志向が強く、勉学志向は弱くなる。

⑤以上も影響して、アルバイト時間が長い学生ほど、「授業の内容についていっていない」、「卒業後にやりたいことがみつからない」、「希望の就職先や進学先へ行けるか不安だ」、「経済的に勉強を続けることが難しい」、「学内の友人関係の悩みがある」といった大

学生活への不安・悩みが増加する。

授業で身に付く能力、アルバイトで身に付く能力

アルバイト時間が長い学生ほど、なぜ授業への取り組み意欲が減退するのだろうか。二〇一四年度の『学生生活調査』では、「自分の能力に対する自己評価」を問う質問をしている。この質問をもとに、学生はアルバイトでどのような能力が身に付くと思っているのかをみてみよう。

アルバイト時間が長い学生ほど、ⓐ「幅広い知識、もののみかた」、ⓑ「問題をみつけ、解決方法を考える力」、ⓒ「人にわかりやすく話す力」などの力を自分がもっているとみなしている。それに反し、ⓓ「専門分野に関する知識経験」については、実力的にあまり自信がないと考える傾向がみられる。

それに対応するように、アルバイト時間が長い学生ほど、大学の授業はⓓの増進については役に立っているのに対し、ⓐ〜ⓒの能力を伸ばすことについては、あまり効果をもっていないと評価する傾向がみられる。ⓒはコミュニケーション能力と言い換えることができるので、大学の授業よりアルバイトをとおしての方がこの能力を身に付けることができると考える学生が多いことは容易に想像できる。しかし問題はⓐとⓑである。

ⓑについていえば、近年の就職活動ではエントリーシートや面接のなかで、アルバイト活動について自己アピールする場合に、アルバイトをしているときにどのような実務的問題に気づき、その問題を改善・解決するためにいかなる工夫をしたり行動をとったりしたか、その体験を書くことが推奨されているという話を聞く。同様にⓐについていえば、いままでの生活のなかでは当たり前と思ってきたことと異なり、世間の常識とはそういうものなのかと、アルバイトをとおして自分の知らなかった幅広い知識、ものの見方を学ぶことも多いにちがいない。まさしく社会勉強・社会経験としてのⓐ・ⓑであり、個別の個人的な問題の範囲内におけるⓐ・ⓑである。

ⓐ・ⓑの設問の趣旨は、大学教育の効果をみるためのものである。よってそこで想定されているのは、個別の個人的な問題の範囲を超えた、つまりその意味で普遍性をもつⓐ・ⓑだと思われる。これに対し、エッセイストの岸本裕紀子によると、最近の若者は自分の半径一メートル以内の事物にしか興味をもたない、いってみればきわめて近視眼的であるとされる。そのような傾向を反映して、最近の学生にとってのⓐ・ⓑとは、個別の個人的な問題の範囲内におけるⓐ・ⓑを指し、個別の個人的な問題の範囲を超えたⓐ・ⓑは、ⓓのなかに含まれるものと意識されているとみなせる。しかも、このような意識をもっているのはアルバイトをしている学生にとどまらない。学生一般の傾向である。なぜならアル

バイトをしていない学生はアルバイトをしている学生より、ⓐ〜ⓒの能力が劣っていると自己評価しているからである。

近年の大学生が大学教育に求めるものは、何より社会に出たときに「役に立つ」知識や技術であるとされる。かれらが近視眼的であるとすれば、「役に立つ」とは、個別の個人的な問題の範囲内において役に立つということになるだろう。つまり大学の授業をとおして身に付けることができるのはⓓにすぎず、ⓐ〜ⓒを含めて就職するときも就職後も社会のなかで実際に「役に立つ」能力に磨きをかけるには授業以外の場、とくにアルバイトの方が有効であるといった意識が学生のなかに存在する。そしてそのような意識をもつ学生ほど、大学の授業よりアルバイトに身を入れる、つまりアルバイト時間が長くなり、授業への取り組み意欲が減退する。そしてその結果、大学成績が低下することになるのである。

3　アルバイト前歴学生の就職お断り

朝日新聞朝刊におどった見出し

　さて話を、終戦まもない時期に戻そう。先に労働省が実施した調査などをもとに、一九四八年頃のアルバイト学生の実状についてみてきた。この時代のことを尾崎盛光が、「アルバイト時代」と命名している点については先に触れた。しかしこれまでみてきた状況をもとにすれば、この時代の雰囲気を伝えるには、戦前期に使われた言葉を用いて「苦学生の時代」と呼んだ方が的確であるにちがいない。

　そしてそのような状況のなかで、学生アルバイトに対する一部世間の無理解に、学生たちが困惑したことについても触れた。ここでこの点を象徴する一つの事件を紹介しておこう。一九四九年一一月七日付けの朝日新聞の朝刊を目にした大学生や大学関係者のあいだには、激震が走ったにちがいない。なぜならそこには、「秀才にも『就職異変』――アルバイト学生もお断り」という見出しが躍っていたからである。この記事は、いくつかの一流企業が、この年の就職採用に当たって「アルバイト前歴学生お断り」という方針を立てていることをすっぱ抜いた。

　具体的にいえば、「一流会社間で『アルバイト前歴学生お断り』の原則を打ち立てたところ……なども あり、『就職戦線異常あり』というところらしいが、その実情を経済同友会や花形会社の重役、それから学校側にきいた学生就職の中間報告」として、業界側がアルバイト学生の卒業後の就職採用について難色を示している、というのである。

企業重役の談話

その記事をみると、なかには日清紡績の櫻田武社長のように、当時のアルバイト学生に対し、同情的な理解を示す経営者も皆無ではなかった。「在学中のアルバイトを問題にしている会社もあるというが、いまどき親のスネかじりだけで卒業できる者が何人いるだろう。私のところでは人格と知能を条件としているが、一番大切なことはやはり身体の丈夫なことだ」と述べているからである。

しかしこの記事のなかでは、彼のような意見は少数派にすぎない。たとえば江商の高見常務は、以下のようにはっきりと断言している。「私のところはアルバイト学生は一切お断りだ。もっともアルバイトの質にもよるがね。どうもアルバイトをやった学生は人間がすれていて面白くない。とくに初任給は安いから会社に入ってからつい昔のクセを出してヤミのアルバイトなどやられては困るからね。貿易関係の一流貿易会社はみんなそうだよ。秀才もいいが、それよりいい家庭の穏健な人物が欲しいんでね」、と。

また、東洋棉花《めんか》の某重役も、つぎのような談話を寄せている。「アルバイト学生はうちでも余り歓迎しない。出来ればアルバイトなどする必要のない環境に育った学生の方が性格的に信頼がおける、うちなどは人柄のいい学生が欲しい」、というのである。

光クラブ事件

一九四九年には光クラブ事件が起きている。東京大学法学部の学生であった山崎晃嗣《あきつぐ》とその同級生二人を中心とするグループが、東大生という信用を利用して、「光クラブ」という名称のヤミ金融高利貸し会社を設立した。しかし七月に物価統制令違反容疑で逮捕され信用を失墜させた結果、債権者の取り立てに窮し、山崎が一一月二五日に自殺を遂げたという事件である。

ノンフィクション作家の保阪正康によれば、山崎は、東京大学の「法学部では明治二十年代に全優で卒業した若槻礼次郎《わかつきれいじろう》［後の総理大臣］に次ぐ秀才」というまことしやかな噂がささやかれるほど、きわめて優等の成績を収めていた。そのような秀才エリート中のエリートが引き起こした事件であったがゆえに、日本社会に大きな衝撃を与えた。その衝撃の大きさは、多くの作家が小説の題材としたことによっても窺《うかが》い知れる。具体的に挙げておけば、書籍の形で出版されたものとしては、三島由紀夫『青の時代』、高木彬光『白昼の死角』がある（前者は新潮文庫で、後者は光文社文庫で、現在入手可能である）。このほか新聞連載や雑誌に発表されたものとして、田村泰次郎《たいじろう》「東京の門」（読売新聞で一九四九年一二月一日〜一九五〇年五月七日に連載）、北原武夫「悪の華」（『群像』一九五〇年一月号）

もある。田村の連載が開始されたのは山崎自殺の早くも六日後、北原の小説は一ヵ月後、三島の小説も一年以内に出版されている。そのことからもこの事件がいかに世間の耳目を集めたかがわかる。

この事件がその社会的衝撃の大きさゆえに、「アルバイト学生お断り」という、業界側の採用方針に影響を与えたことは確かだと思われる。

採用側の本音

しかし、業界側のアルバイト学生嫌いは、それだけが原因ではなかったと思われる。新聞報道からは一旦離れるものの、たとえば東京大学法学部教授の山田晟《あきら》は『東京大学学生アルバイト10年史』(一九五九年)のなかで、つぎのような話を披露しているからである。「さる大銀行の入社試験に立会った先輩の話だが、『試験をうけにきた東大生は、何となく暗い感じがして、ほんとうにおどろいた』というのである。この話をきいて、ふと連想したのは、アルバイト学生のことだ。昔は、アルバイト学生のことを苦学生といい、求人側は苦学生の採用をきらった。苦学生はひがみが強くて、好ましくないというのだ」。

この引用文のなかに出てくる「昔」というのが、いつのことを指すのか正確にはわからない。しかし、まだ「アルバイト学生」が「苦学生」と呼ばれていた時代のことだとするなら、戦前期の話になる。だとすれば、戦前期からアルバイト学生に対する偏見や就職差別は存在したことになる。そして、そのような戦前期における偏見を、戦後の雇用者も引きずっていたことは、「アルバイトなどする必要のない」、いわゆる「いい家庭」に育った学生が欲しい、という終戦直後の業界側の主張に端的に現れているものと思われる。

とくにこの年は、デフレ不況が深刻化した年であり、採用側の買い手市場が強まるなか、企業は強気の採用方針を押し通した。たとえば先の新聞記事のなかでは、経済同友会の事務局次長である池田靜一の談話として、つぎのような事例も紹介されている。

「多年秀才を輩出する学校と自他共に許している」某大学経済学部出身の学生を「十人ばかり」、成績はよかったにもかかわらず、「『秀才は思想的にコワイ』という理由」で、某有力銀行では「フルイ落としたという」のである。

そのような業界側の強気の採用姿勢が蔓延《まんえん》するなかで、企業側のアルバイト学生への偏見が顕在化し、「アルバイト学生お断り」という形をとって、一挙に噴き出したものと思われる。

新聞社によるアルバイト学生擁護

このような業界側の方針に対し、アルバイト学生の窮状をまぢかにみていた大学関係者は、こぞってアルバイト学生の擁護に回って反駁《はんばく》の論陣を張った。のみならず大手新聞社も、社説欄まで用いて反論ののろしを上げたのである。

たとえば大学側の代表として、早稲田大学総長の島田孝一《こういち》は、先と同じ記事のなかでつぎのように反論している。

「特定の会社でアルバイト学生をきらっているらしいというウワサは聞いている。しかしそれは部分的現象でまだ一般的にはなっていないと自分は思うが、それにしてもアルバイトをせねば学問出来ない学生が大部分の実情からみて余りにむごい仕打《しうち》のような気がする。とにかく就職は非常に難しいらしく、そのため求人側が現状に即さない無理な注文をつけたりして真の人材を殺すようなことがあるのを恐れている」、と。

朝日新聞は一一月一三日付けの社説でも、「アルバイト学生の就職問題」を取り上げている。そこでは各種調査を引用しながら当時の学生アルバイトの実状を伝え、「ただアルバイト学生というだけで、頭から色眼鏡でみることは、今日の学生の生活条件を全く顧みない不親切なやり方であるといわねばならない」と、アルバイト学生を擁護する論調で企業に苦言を呈している。なお毎日新聞も同年一二月二六日付けの社説で、その騒動に触れると同時に、論調は異なるものの学生アルバイトの問題を取り上げており、この騒動の衝撃の大きさが窺い知れる。

東京大学の「学生アルバイト」委員会は、この騒動をつぎのように総括している。「業界側がアルバイト学生の就職採用に難色を示した理由は、一つにはアルバイトをするために勉学の時間が奪われ、学力の低下を来すということもその理由ではあったが、主とした理由は、学生が学資稼ぎのため各種の職場に就労する結果、所謂『世間ずれ』がして学生らしい純真さを失い、新入社員として社風になじませることがむずかしいという点にあったようである。しかし、当時の学生は、その大半が何等かのアルバイトに従事しており、働きつつ学ぶことが殆《ほと》んど常識化されていた事情を考えれば、この業界側の態度はやや認識と同情に欠けるところがあったように思われる。しかし、この問題は教育関係者の重要問題で、引続く努力によって暫時解決の方向に向かうようになった」。

4　アルバイト開拓のための学生組織の登場

フスマ・クラブの創設

終戦を契機とする生活苦を乗り切るため、ほとんどの学生はとにもかくにも働かざるをえない境涯に追い込まれた。しかし学生に限らず一般のどの人にとっても働き口をみつけるのは、当時の情勢ではなかなか困難を極めた。そこで学生たちは自らアルバイト開拓のための組織作りに乗り出した。それらの先駆となった組織として、『東京大学学生アルバイト10年史』でたびたび紹介されているのが、一九五四年一〇月から活動を開始した「フスマ・クラブ」である。このクラブの創設者は、教養学部二年生西村利郎《としろう》（のちに四大法律事務所の一つを設立する弁護士）である。以下、少々引用が長くなるものの、彼本人の回顧などをもとに、その創設・発展の経緯をみてみよう。

「朝鮮戦争が終った頃、そのパニックの影響で父の事業がつぶれて学資の道がすっかり断たれ、自活しなくては大学生活を継続出来ない事態となったのである。その時から真剣にアルバイトを求めて「学生アルバイト」委員会に顔を出すようになった。……その頃「企業などが」委員会へ申し込んできた仕事は、絶対量も不足であったが、引越の手伝、夜警、野球場の売子等で需要も不安定であれば、その量も質も学生生活と両立し得ないものが殆んどである」。そこで「『安定した、組織化された需要、学生の信用、労力、アイディアを利用出来る仕事』そんなことを漠然と考えていた時」、「たまたま家庭雑誌『暮しの手帖』に家庭内の『フスマはり』、『障子はり』、『ペンキ塗り』等の記事が載せられているのに目を惹《ひ》かれ、これにヒントを得て、多少経験のあったフスマはりを始めてみようと思いたった」。

そこで友人と二人で、まず面識のあった「専門の経師屋《きょうじ》［フスマなどの表装職人］について技術を修得し」、その上で、各家庭にフスマはりの「技術指導をしながら廉価（専門家の約半額）ではりかえるという口上で随所の家庭の個別訪問を試みた」。それは、「フスマ張りのような一見難かしい技術が、実は家庭で習得出来ることを啓発し、加えて紙問屋の協力により仕入れた襖紙《ふすま》を小売値でさばいてマージンを得るという、社会的奉仕と学資稼ぎを両立させるのが狙いで……、一種の外交販売」だった。

フスマ・クラブの成功

「縁もゆかりもない他人の家庭を訪問して、仕事を売り込むことは、純真な学生には多少の抵抗感はあったが」、「勉強ばかりしている（と思われている）東大生がフスマの張り方を教えようというのだから」、「その結果は意外な反響があり……三軒に一軒くらいの割合で注文が得られ、開業早々予期以上の成功を収めた。これは家庭側の需要もさることながら、東大生の熱意を買ってくれた同情心も多分にあったようで、非常に優遇され、仕事以外の学生生活等についての話合いもなされ、和やかな雰囲気のうちに仕事を進めるというような極めて順調なスタートであった」。

しかし「所詮《しょせん》宣伝不足で需要は限られていた」。ところが、教養学部の学生部長や厚生課長と相談の上、「評論家の花森安治《はなもりやすじ》『暮しの手帖』の創刊者」を訪ねたのが契機となって［昭和］二九［一九五四］年一二月一九日の朝日新聞夕刊の家庭欄に大きくとりあげられた。ちょうど暮であって需要の方もタイムリーであったので大反響をよんだのである。……技術を習得した五〇人の仲間が待機している委員会には、新聞にのったその日からひっきりなしに電話が鳴り続けて申込が殺到した」。暮の一〇日間、委員会は「まるで戦場のような忙しさであった。そこから師走の目まぐるしい人混みの中をバズーカ砲のような紙包とハンマーをかついだ奇妙な若者が東京中の何百軒という家庭目指して出掛けていくのである。このようにして家庭に進出する新しいアルバイトが生まれたのである」、という。

セミペン・クラブ

「フスマ・クラブにヒントを得て」、一九五五年二月に結成されたのが「セミペン・クラブ」である。これは、「『専門の大工に頼む程のことではなし、さりとて自分でやるのは一寸《チョツと》面倒だ』という仕事をねらっての便利大工という形で始められたものである」。「セミペン・クラブという名称のセミは英語の semi［半ば］、ペンは carpenter［大工］の半人前の意味で pen としたもので、『四半人前大工』の意を含ませたものである」という。

このクラブはやがて、「家庭内を豊かにする家具の製造——独特のデザインとアイディアを持った、机、卓子《たくし》［テーブル］、椅子《いす》等を製作し、しかもそれを廉価に提供」することへも手を広げ、このクラブの「学生の手による新装の家具が『五月祭』［東京大学本郷キャンパスの学園祭］の当［学生アルバイト］委員会展示場に陳列された」、という。

5　大学側によるアルバイトの開拓

大学や学内組織によるアルバイトの斡旋

『東京大学学生アルバイト10年史』の年表を参考にすれば、学生アルバイトの開拓に乗り出したのは、学生だけではなかった。学生の窮乏化を目の当たりにして、大学側も積極的に学生アルバイトの開拓に乗り出している。たとえば東京大学では、早くも終戦から半年も経たない一九四五年一二月に、学生課が中心となり学生アルバイトの求人依頼状を発送し、翌年一月からアルバイトの斡旋を開始している。加えて四六年二月に創設された東京大学農学部協同組合も、同年六月から学生アルバイトの斡旋に乗り出している。

さらに四六年三月には、東京都の学生有志が結成した学生生活協議会の共済部が春休みに向け、この休暇期間を利用しての短期的な学生アルバイトの斡旋を始めている。そしてその活動の立ち上げにあたって、財団法人・勤労学徒援護会も積極的な支援を行っている。のみならず春休み期間中以外のアルバイトについても、斡旋を常時つづけていく形で活動を拡大しながら、同年五月からはその事業を引き継いでいる。なおこの組織は、日本学生支援機構の一部門である「内外学生センター」として現在も存続している。

こうしていくつかの学内機関によって、学生アルバイトの斡旋が開始された。

学外におけるアルバイト斡旋組織の登場

「学内でこのような学生のアルバイトあっ旋活動が活発に行われ始めた頃、学外においても、各大学の学生の団結によって自主的に組織された団体がアルバイトあっ旋の活動を起こしている。働かなければ生活できない学生達は、校外において自主的に集まり、落花生、玩具等の街頭販売という特殊なアルバイトを始めたが、その団体数は三〇数団体に及ぶようになった。このような学生アルバイト団体の簇生《そうせい》「乱立」は、自然と相互の競争摩擦を生じるように」なっていった。そこで「この弊害を防止するために、これらの団体の統合が逐次行われて、やがて学徒厚生協会（貧民救済活動や協同組合運動で有名であった賀川豊彦《かがわとよひこ》を会長として一九四七年六月に結成）、学徒実践同盟（一九四八年一月に結成）、学生アルバイト連盟、学生生活協会の四団体に整理統合されることになった」。

さらに、警察庁による街頭販売禁止の動きが活発化したときに、その緩和を狙って文部省が斡旋の労を取り、これら四団体は一九四九年に大同団結し、日本興学会が結成された。その会長には、学徒厚生協会の会長であった、賀川豊彦が就任している。ただしこの新組織のもとでの活動も一九五二年には、街頭販売禁止の強化によって結局は廃止のやむなきにいたっている。

こうして、学外組織によるアルバイトの斡旋は姿を消し、もっぱら大学や学内組織によって行われていくようになる。

東京大学「学生アルバイト」委員会、学生アルバイト対策協議会の創設

しかし先に引用したように、一九四九年頃に日本を襲ったデフレーション不況時代には、多くの国民が失業にあえぐなか、学生アルバイトの開拓は容易なことではなかった。このため「ムスケル・アルバイト」「筋肉労働」、「夜バイト」、「給血」「売血」など、戦前にはみられなかった学生アルバイトの新職種すらも出現した。その結果、「重要な社会問題と教育問題とを提起することになった」。

「重要な社会問題と教育問題」とは具体的にいえば、どのような問題であったのか。それ

は「基本的にいえば『学業とアルバイトは両立するか』という問題であった」。

それゆえ東京大学においては、矢内原忠雄の言葉を援用すれば、大学教員も学生アルバイト問題に「教育上の関心」を払わざるをえなくなり、「学生部と唇歯《しんし》輔《ほ》車《しゃ》［互いに助け合う］の関係をもって協力事に当た」るため、一九四九年四月に「学生アルバイト」委員会が創設されることになった。「教育上の関心」とは、以下の三点である。①「学生に適当したアルバイトを、需要を満たす量だけ世話し、もしくは開拓して、アルバイトによって学業が妨げられることをできるだけ少なくし、できるならば学業の助けになるようなアルバイトを見つけること」。②「アルバイトによって学生が卑屈になり、あるいは放縦《ほうじゅう》になることを防ぎ、大学生として、また社会人としての品位と責任の観念を養うこと」。③「物ずきにアルバイトに従事するような学生よりも、ほんとうに学資を得るためにアルバイトを必要とする学生に重きを置いて考えること」、などである。

この種の学生アルバイト問題に悩まされたのは、東京大学だけにとどまらなかった。全国の大学が同じ問題を抱えていた。たとえば一九四九年一一月一三日付けの朝日新聞によれば、ヨルバイトなどの不健全アルバイトが社会問題化した結果、その問題に対処するため、「これまで不十分だった横の連絡を緊密にし学生アルバイトの健全な発展を計」ることを目的に、「各学校から学校側代表一名と学生側代表各一名を」送り出す形で、「全国の大学、高専が集って『学生アルバイト対策協議会』を結成」したことが報じられている。

学生にふさわしいアルバイトとは

当時の情勢をもとにすれば仕方なかったとしても、「不健全」なアルバイト職種に流れていく、多くの学生たちの存在が、当時いかに大きな社会問題になったかは、ここまでみてきたとおりである。それでは、どのような職種が、学生にふさわしいアルバイトと考えられていたのだろうか。その極めつけの職種は、家庭教師である。なぜなら、「元来、家庭教師は、学生の持前の能力を生かした知的労働であり、また、時間的拘束が少ない点からも、学生の間でアルバイトの適職とされていた」からである。

さらに、東京大学を例にとれば、大学教員のなかには、「学生のアルバイトとしての家庭教師」のなかに、「学業と両立するか否かという消極的意義を超えて、積極的に社会的人格的意義を」見出す向きもあった。たとえば、経済学部教授の柳川昇《やながわのぼる》は、「家庭教師を通じて、若い次の世代のものを育てあげていくということにほこりを感じないものがあるはずはない。またこのほこりをもつことこそが、家庭教師というアルバイトに学生が真剣にとりくまなければならない理由ともなるのである」と論じている。

同様に文学部教授の花山信勝《はなやましんしょう》も、「教えることは習うなり」で、「家庭教師という仕事は、東大生にとって、それが学資補助のための有力な手段であるばかりでなく、自己完成への尊とい道である」と述べている。

なお柳川、花山の両氏とも、東京大学「学生アルバイト」委員会に委員として深くかかわった人物である。とくに柳川は、その第三代委員長を務めた人物である。同様に花山信勝について補足しておけば、巣鴨拘置所で東条英機らA級戦犯の教誨師《きょうかいし》（受刑者を宗教的・精神的・倫理的に教え導く人）を務めた僧侶としても有名である。

家庭教師の開拓

しかしいくら家庭教師が学生にとってもっともふさわしいアルバイトだとしても、客のいないところに商売は成り立たない。この時期、ほとんどの学生が食うや食わずの窮乏にあえいでいたことは、すでに述べたとおりである。けれどもそれは一般庶民とて同じ状態であった。そのような状況のなかで、子どもの教育にお金をかけることなど、たとえ望んだとしてもかなわぬ夢であった。経済的にそれをする余裕は、どの家庭にもなかったのである。もっといえば、家族全員の生活を毎日なんとか維持していくために、子どもの教育に対し関心を払う心理的な余裕さえなかったといった方が正確かもしれない。

このような状況のなかで学生や大学は、家庭教師の需要を掘り起こす妙案を考えだした。

それは、「グループ家庭教師」と呼ばれる形態である。従来の家庭教師の形態は、教師と生徒が一対一であった。これに対し、何人かの生徒を集めて一人の教師がその面倒をみるというのが、「グループ家庭教師」である。つまり、学生が教師を務める塾のようなものである。ただし勉強場所は、「時には参加生徒の各家庭が廻り持ち、時には屋外」になることもあった。しかしその「気軽さと楽しさが大衆の社会層に喜ばれ」たのみならず、何より「生徒の経済的個人負担が軽」いことが受けて、大成功をおさめた。

この「グループ家庭教師」の嚆矢《こうし》となったのが、一九五四年八月に、駒場の東京大学教養学部の理科系学生によって結成された「理科クラブ」である。その創設の経緯について、東大教養学部の西村秀夫厚生課長は、つぎのように回顧している。

「昭和二九［一九五四］年の夏休みに、私の住んでいる公務員宿舎の母親たちの中から、夏休みの宿題、殊《こと》に理科の採集実験の指導をしてくれる学生さんが欲しいという希望が出て来た。丁度《ちょうど》アルバイトを求めて私のところに相談に来た学生がこれを引きうけ、五～六人の小学生のグループを週一回指導することになった。これは大成功で、……翌年四月から、駒場、武蔵野の二つのグループがスタートしたのである」。

そしてこの成功を契機として、たとえば東京大学のなかには「図工クラブ」、「社会クラブ」、「英語クラブ」、「経済クラブ」などのグループが生まれ、「小・中・高校の生徒を対象とするのみならず、会社、銀行、病院等の職場までもこれらのグループが生まれ、潑《はつ》らつたる若人の家庭教師の新生面が現出された」。

東京大学後援の勉強塾の設立

このような「グループ家庭教師」の成功に触発され、家庭教師という学生にとって最適のアルバイトを開拓すべく、大学側もこの種の活動を積極的に支援することになった。たとえば東京大学では「学生アルバイト」委員会が、「グループ家庭教師」活動の「規模を更《さら》に拡大し、寺、幼稚園等の場所を借りて多数の生徒を集め、その教師として、一挙に数名のアルバイト求職者を消化すべく『勉強塾』の開設を思い立ち、これが実現に乗り出すことになった」。ただし、「『学生アルバイト』委員会はその性格上、それ自体として主催者となることはできない。それで、それに代わる別個のものということで、教育学部の清水［義弘《よしひろ》］助教授等の力添えを得て『東大学生教育研究会』なるものを結成し、これに運営の任務と責任を与えることになった」。

こうして、一九五五年六月には、「『東大学生教育研究会』主催、東大『学生アルバイト』委員会後援になる『赤坂勉強塾』は輝かしく発足した」。そしてその発会式は、「学生アルバイト」委員会を代表して、委員長の林恵《めぐみ》海教授、委員の清水義弘助教授、同じく委員の今哲朗厚生課長などが「参列して盛大に行われ」た、という。この発会式に参列したメンバーをみただけでも、いかにその事業が大学公認の取り組みであったかを、公然と示すものといえる。

「この塾は地の利を得た関係もあって、その後順調に発展して行ったが、この建物が他の目的に利用されるという事情により、遂に発足後一〇ヶ月余りにして中止の止むなきに至った」。しかし、それからほどなく飯田橋で小学生を対象とする勉強塾を営んでいた橋本博夫妻から、東大「学生アルバイト」委員会に対し、この飯田橋の塾を「更に中学、高校生をも対象にするものに拡張したい」ので、「その指導を東大生に担当してもらいたいとの申し入れが行われた。……この橋本氏の熱心な懇望により、当委員会では赤坂塾中止の収拾策を兼ねてという目論見《もくろみ》もあって（赤坂塾に就学していた生徒を収拾）、翌［昭和］三一［一九五六］年五月に再度『東大学生教育研究会』主催『飯田橋教室』の開設を図ることにした」。

ただし、「この『赤坂塾』、『飯田橋教室』の二つの勉強塾の開設、運営について、当時の学生実行委員諸君の払った熱意と努力は多大なものがあったが、『塾』と名づける大きな世帯を経営することは、種々複雑な事情を伴い、これを学生アルバイトとして営むことには限界が感ぜられ、爾後《じご》当委員会では勉強塾の設置には積極的態度がとられなくなった」という。

家庭教師の広まり

いずれにせよこうした努力の甲斐もあって、一九五五年頃までに家庭教師の需要もようやく高まっていった。たとえば一九五九年に、東京大学の「学生アルバイト」委員会は、つぎのように晴々と報告している。

この「委員会創設以来、学生のアルバイトは学業と両立するか否かを身をもって体験してきた。すなわち選職の余裕を得るようになり、更には適職を求めて、結局年月を要したのであるが、家庭教師の時代に突き進んだということができよう。……正《まさ》に昭和三一〔一九五六〕年度はこの指導方針に呼応した画期的な年であった。すなわち、従来は『事務』或いは『労働』という職種が求人数の首位を占めていたのであるが、この年に至って『家庭教師』が初めて人数的にも件数的にも首位にとって代わったからである。そしてこの家庭教師が首位であるという現象は、その次の〔昭和〕三二年度および〔昭和〕三三〔一九五七〜五八〕年度のいわゆる『鍋底景気〔不況〕』の時期にも継続して変わらず、むしろパーセンテージが漸増しているのである」、と。

第四章　小遣い稼ぎのためのアルバイトへ

1　小遣い稼ぎのためのアルバイトの出現と浸透

「学費・生活費のためのアルバイト」と「小遣い稼ぎのためのアルバイト」

前章でみてきたように、一九五〇年代初めの時期までは半数以上の学生が学生生活を維持するために、すなわち経済的理由によってアルバイトを必要としていたにもかかわらず、適当な職をみつけることさえできない時代であった。つまりこの時期は「学費・生活費のための」というより「パンのための」と称した方が正確ともいえるアルバイトが全盛の時代であった。しかし早くもこの時期において、すでに小遣い稼ぎのためのアルバイトが出現しだしていた。

『学生生活調査』の区分をもとにして、「家庭からの給付なし」、家庭からの給付のみでは「修学継続困難」および「修学不自由」なアルバイト学生、つまり程度の差こそあれ何らかの形で経済的にアルバイトを必要とする学生を、本書では以下、「学費・生活費のためのアルバイト」学生と呼ぶことにする。一方、「家庭からの給付のみで修学可能」な学生、つまり経済的には必ずしも働く必要を感じていないアルバイト学生を以下、「小遣い稼ぎのためのアルバイト」学生と呼ぶことにする。

小遣い稼ぎのためのアルバイトの出現——一九五〇年代初め頃

たとえば天野貞祐《ていゆう》は、終戦後三年目の一九四八年六月の中部日本新聞に以下のような記事を寄稿している。天野は、京都帝国大学文学部哲学科教授、第一高等学校校長をへて、この年の六月二二日からは大日本育英会（現・日本学生支援機構）会長に就任しており、その二年後には文部大臣に就任することになる人物である。

「アルバイトはどこまでも学資を補う手段であって目的ではない。この自明の道理がややもすれば忘れられて、本来手段であるべきものが目的とされてしまうような傾向はないであろうか。……学生本来の勤労はあくまでも学習において成立する。……もしアルバイトに深入りをし多額の収入に興味を感じ次第に生活がぜいたくになってゆくならば、それがどれほど恐ろしいことであるかは、学生犯罪という戦りつすべき事実がそれをつぶさに語っている……安易から堕落へひとは知らず識らずすべりこんでゆく。だからアルバイトについてのわたくしの助言はこうである。——アルバイトをしなくて済む人は決してアルバイトはしてはいけない……。生活はどうにかなるけれども本を買うためになどという考えには賛成できない。なんとかかんとかして生活の成り立つ場合には全力を学業に傾注すべきだ」。

この記事が掲載されたのは光クラブ事件の一年前であるので、「学生犯罪」とはそれのことではない。この記事が出る一ヵ月前の五月一七日には、東京都でたまたま二つの学生グループが遊ぶ金欲しさの窃盗《せっとう》で逮捕されている。おそらくその事件を指しているものと推測される。

それはさておき、「生活はどうにかなるけれども本を買うため」のアルバイトも避けるべきだという忠言は、現在の基準からみても厳しすぎる印象を受ける。よってこの天野の批判は当時の実状への批判というよりは、強い善導・教導意識をもとにあえてきつめの表現を用いてなされた、将来にむけての予防的な忠告だったとみなせる。天野の眼からみて、「学資を補う」という本来の目的の範囲を超えて、「多額の収入に興味を感じ次第に生活がぜいたくになってゆく」ようになるまで、「アルバイトに深入り」する傾向の萌芽がすでにこの時期に出現し始めていたわけである。ただしそのような傾向に「ひとは知らず識らずすべりこんでゆく」ことへの危惧にとどまっている点から考えて、そのような傾向はまだ予兆程度のものにすぎなかったと思われる。しかしその予兆を天野は当時の状況のなかに早くも嗅ぎ取っていたといえる。

事実、一九五〇年三月には、文部省学生生活課長がつぎのような報告を出している。

「現在行われているアルバイトの中には、小遣い程度から遊興費かせぎを目的とするもの迄《まで》も含まれているといわれており、その内《うち》真に学資金を額に汗してかちとろうとするものが、どの位あるかは残念ながら十分つかめていない」。ただし、「ジャーナリズムで喧伝《けんでん》されているアルバイト学生の転落は、実は真のアルバイト学生とは異質のものといえる」。そのように付け加えてはいるものの、引用の前半部から判断する限り、マスコミが取り上げるようになるほど、「真に学資金を額に汗してかちとろうとする」大多数の学生に混じって、ごく一部の学生にすぎないとはいえ「遊興費・小遣いかせぎを目的とする」、「転落」した行動が幾分目につくようになってきたとみなせる。

小遣い稼ぎのためのアルバイトの浸透――一九五〇年代後半

この一九五〇年の実状報告では、生活費や学資を稼ぐために働かざるをえない学生にこそ関心を払い、彼らを擁護する姿勢こそが明確な論調となっている。しかし一九五〇年代後半になると、学生アルバイトにむけられる視点・論調には大きな変化がみられるようになる。

たとえば一九五六年に、大室貞一郎（このときは静岡大学教授）は、この当時の学生にむけ一言皮肉を述べている。明治期に遊興費稼ぎという不純な目的でアルバイトにうつつを抜かし、本務である学業を怠っている類の学生の出現に対し、鈴木天眼子が「浩嘆《こうたん》して」（大いに嘆き悲しんで）いることについては、すでに第二章で取り上げたとおりである。その一文を要約する形で、大室はまず紹介する。そしてそれにつづけて、「今のアルバイト学生にも耳の痛いさむらいはいないであろうか」、と揶揄《やゆ》しているのである。

事実、一九五五年に出版された著書『學生の歴史』のなかで、教育学者の唐澤富太郎はつぎのように指摘している。「アルバイトの目的がどこまでも学問のためであるということを忘れて、元来、学資の足らない一端を補うべく始められたアルバイトが、遂《つい》にそれ自体目的となり、試験のときだけ教室に出て単位をとって卒業して行くという、本末転倒の学生も相当多く現われている」。

同様に、『東京大学学生アルバイト10年史』（一九五九年）のなかで、山田晟はつぎのような証言を残している。「いまは、アルバイトは学生一般の風潮となり、生活に困らない学生でもアルバイトをするものが少なくない。学生生活の一部にさえなっている」。

朝鮮戦争の勃発は一九五〇年六月のことになるので、一九五〇年三月の文部省学生生活課長による実状報告は、いまだデフレ不況の最中の時代になされたことになる。一方、大室や唐澤の批評は一九五五〜五七年に日本を覆《おお》った、神武景気と呼ばれる好景気の時代のものである。ここまでの証言をもとにすると、このような経済動向の変化によって、五〇年代中頃あたりから学生アルバイトは、学費・生活費のためのアルバイトから小遣い稼ぎのためのアルバイトへと、大きくその様相を変えることになったといえる。

2　数字でみるアルバイトの推移①——どのように浸透したか

その転換を、『学生生活調査』の数字をもとに確かめておこう。

一九五三年度と一九六五年度の比較

一九五三年度には、アルバイト従事学生のうち、家庭からの給付のみでは「修学継続困難」および「修学不自由」なアルバイト学生、すなわち程度の差こそあれ、何らかの形で経済的にアルバイトを必要としていた学生の比率は、それぞれ三〇・二％、五八・一％であった。つまり、これら二つのタイプの学生を合わせてアルバイト学生のうち実に八八・三％が、学費・生活費のためのアルバイトに奔走していたことになる（一九五三〜六六年度までについては「家庭からの給付なし」は独立した項目として集計されていない）。

それが一九六五年度には、家庭からの給付のみでは修学継続困難なアルバイト学生は一〇・五％、修学不自由なアルバイト学生は三九・五％に低下する。つまり学費・生活費のためのアルバイトは、五〇・〇％にまで激減しているのである。

一方、「家庭からの給付のみで修学可能」な学生、つまり経済的には必ずしも働く必要を感じていないアルバイト学生、すなわち小遣い稼ぎのためのアルバイトの比率は、一九五三年度には一一・七％にすぎなかったものが、六五年度には五〇・〇％にまで拡大している。そして一九七四年度には五一・三％と完全に半数を超え、一九九六年度には六一・四％とピークに達している。その後、平成の大不況下で、二〇〇二〜〇四年度および二〇一〇〜一二年度に一時的に過半数割れを経験した時期を唯一の例外とすれば、一九七四年度以降、小遣い稼ぎのためのアルバイトが学生アルバイトの主流を占めつづけているのである。

なお学生生活費においてバブル経済崩壊の影響が顕著に現れる一九九四年度以降のアルバイトのさまざまな動向については、本章と次章では簡単に触れるだけにして、章を改め第六章で詳しく検討したい。

以上の数字は、アルバイト従事学生を母数にした比率であった。ここでそれを全学生を母数にした比率に計算しなおした数字をもとに作成したものが図2である。たとえば一九五三年度を例にとって、図の見方を示しておこう。家庭からの給付のみでは修学継続困難および修学不自由なアルバイト学生は、全学生のうちそれぞれ九・八％、一八・八％であ

図2　アルバイトの経済的必要度

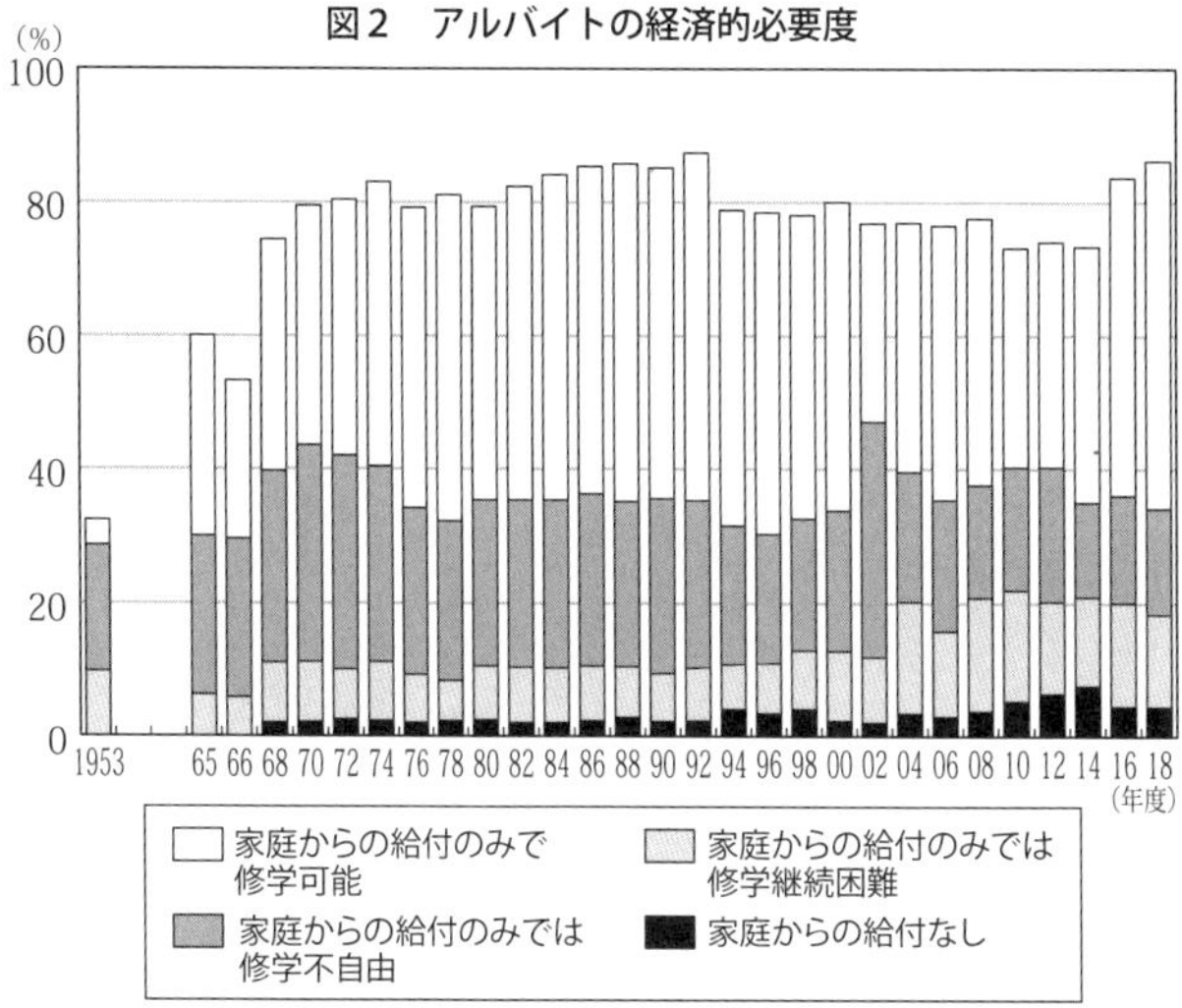

(『学生生活調査』より作成)

『学生生活調査』では、1965年度のデータに関しては、「アルバイトをしていない学生を含めた数字」と、「アルバイト学生だけについて示された数字」とが両方、表記されている。しかし、それらの両数字は計算上、齟《そ》齬《ご》をきたしている。そこで、ここでは、次の年度の動向に近い、「アルバイトをしていない学生を含めた数字」の方を用いて算出した。

った。よって以上の二つの数字の合計で、学費・生活費のためのアルバイトは二八・六％であったことになる。一方、家庭からの給付のみで修学可能な学生の比率は、三・八％にすぎなかった。そして以上の数字を合計した三二・四％という数字、つまり各年度の棒グラフの最上端は、学生全体のなかでのアルバイト従事率を示している。

　今みてきた一九五三年度との比較でつぎに六五年度をみると、まずアルバイト従事率は六〇・〇%となり、五三年度に比べ、約三〇ポイントの上昇をみせている。そしてその内訳をみると、学費・生活費のためのアルバイトは、五三年度とほぼ同じ水準で三〇・〇%にとどまっているのに対し、小遣い稼ぎのためのアルバイトは三〇・〇%にまで跳ね上がっている。つまりこの間の学生アルバイトの拡大は、ほとんどが小遣い稼ぎのためのアルバイトの流入によってもたらされたものだったことは明らかである。

小遣い稼ぎのためのアルバイトの浸透の開始時期

この統計についていえば、『学生生活調査』では、一九五四〜六四年の間を補うデータが公表されていない。そこで、第三章の図1および図1 - 1に示した数値をもとに、もう少しその間の動向を埋めてみよう（図1 - 1は100ページに図3として再掲）。

全学生のうち家庭からの給付のみでは修学不自由もしくは修学継続困難な学生、すなわち「経済的にアルバイトを必要とする学生」の比率とアルバイト従事率がほぼ拮抗するのが、一九五五年度である。ここで、経済的にアルバイトを必要とする学生がかりにすべてアルバイトに従事していたとすれば、この年度までは小遣い稼ぎのためのアルバイトは、まだきわめて少なかったものと推測される。

これに対し、一九六一年度には、全学生のうち家庭からの給付のみでは修学不自由、もしくは修学継続困難な学生は合わせて三四・二%であった（図1）。一方、この年度のアルバイト従事率は五一・二%であった（図1－1）。そこでここでも、アルバイト従事率と、経済的にアルバイトを必要とする学生の比率の差をとれば、小遣い稼ぎのためのアルバイト学生は、最低でも全学生の一七・〇%を占めていたことになる。

そして、一九五五年度以降、六三年度までは、経済的にアルバイトを必要とする学生は、四割程度で横ばい状態にあったのに対し、アルバイト従事率は五五年度の三六・四%から六一年度の五一・二%へと急激な上昇をみせている。

こうしてみると、一九五〇年代後半から、小遣い稼ぎのためのアルバイトが急速に頭をもたげ始めたものと推測される。

その後の推移

そして図2をみる限りこの小遣い稼ぎのためのアルバイトは、一九六六年度の一時的な落ち込みを例外とすれば、その後拡大の一途をたどり、一九八八年度には五〇・五%と、ついに全学生の過半数を制するまでに浸透し、九二年度には五二・〇%とそのピークを迎える。しかしその後はバブル経済崩壊の影響を受け、二〇一〇年度まで縮小し三二・八%にまで落ち込み、この年に底を打った後ふたたび増加に転じ今にいたっている。そしてついに一八年度には、学生全体の五二・〇％と、バブル経済崩壊による不況の影響が現れる以前の時期においてのピークであった、一九九二年度と同じ水準に達するまでに回復している。

なお一九六六年度に小遣い稼ぎのためのアルバイトが一時的に減少し、それにともなう形でこの年度にアルバイト従事率が突発的な落ち込みをみせている原因の一つは、六四年に開催された東京オリンピックの直後に始まり、六六年までつづいた「東京オリンピック反動不況」（もしくは「昭和四〇年不況」）の影響によるものと推測される。

ただ遅くとも一九六〇年代後半から一九九二年度までの時期は、一九五〇年代前半期に始まる学生アルバイトの拡大がつづいた期間であった。しかも、その拡大が、「小遣い稼ぎのためのアルバイト」学生の流入によってもたらされたことは明らかである。

それでは学費・生活費のためのアルバイトは、その後どのように推移したのであろうか。なお本章で検討の中心とするのは、小遣い稼ぎのためのアルバイトが拡大をつづけた一九九二年度までの時期であるため、バブル経済崩壊の影響を受ける一九九四年度以降の詳細については章をあらためて第六章で論じる。しかし、全体の動向をみるために一九九四年度以降の時期についてもここでまとめて触れておくことにする。

まず、「家庭からの給付なし」＋「家庭からの給付のみでは修学継続困難」＋「家庭からの給付のみでは修学不自由」なためのアルバイトの合計からみていこう。そのようなアルバイトは、一九七〇年度までは増加傾向にあったものが、その後七八年度まで一旦減少をみせた後、二〇〇〇年度までは横ばい傾向がつづく。それが、二〇〇二年度に跳ね上がった後には、〇八年のリーマンショックによる世界同時不況、および一一年の東日本大震災の影響を受け、一〇〜一二年度に一時的に高まりをみせた時期を例外とすれば、基本的には減少傾向に転じている。

これらの「経済的にアルバイトを必要とする学生」のなかでも、とくに「家庭からの給付がない」学生を含め、アルバイトをしなければ「修学継続困難」な学生を、「経済的にきわめて恵まれない状況におかれているがゆえに、アルバイトをせざるをえない学生」とみなせば、このような学生は一九六八〜九二年度の期間は、一〇%前後の水準にほぼおさまっており、横ばい状態にあった。しかし九四年度以降、基本的には増加をつづけ、二〇〇四年度には二〇%台に達し、その後はこの水準で横ばい状態をつづけている。

『学生生活調査』の集計方針の転換

以上を総合して考えれば、「学費・生活費のためのアルバイト」から「小遣い稼ぎのためのアルバイト」へという学生アルバイトの変質は、一九五〇年代後半の時期に始まり、現在に受け継がれている現象だといえる。もう少し言葉を補えば、終戦から日が経つにつれ、日本社会は少しずつ豊かさを回復していった。それにしたがい、まず学費・生活費のためのアルバイトを必要とする学生は減少していった。さらにアルバイトの開拓も徐々に進み、供給量も増加していった。そして先述したように、一九五五年頃にはついに学生生活を維持するために何らかのアルバイトを必要とする学生の数に対し、それまでのアルバイトの供給不足がほぼ解消される状況が出現した。それを転機にその後、学生のあいだには小遣い稼ぎのためのアルバイトが浸透を始め、拡大していった。

　この学費・生活費のためから小遣い稼ぎのためへといったアルバイトの転換を、いみじくも象徴的に示している出来事が、『学生生活調査』における集計結果の公表の仕方である。一九六三年度までの『学生生活調査』では、学生のアルバイト必要度については、図1に示したような、全学生を母数にした数字を基礎集計とする結果報告がなされていた。そしてその集計結果へのコメントをみれば、学費・生活費のためにアルバイトを必要とする学生に対して、どの程度アルバイトが充足されているか、といった問題についての関心が重要な位置を占めていたことは明らかである。これに対し、六五年度以降は、学生のアルバイト必要度については、アルバイト学生を母数とした報告へと集計方針が転換している。つまり遅くとも六五年度までに、アルバイトの供給・開拓不足はもはや重要性を喪失したわけである。そしてそれよりもむしろ、単なる小遣い稼ぎを動機とする必要性の薄いアルバイトがどれだけ浸透し、その隙間に、学費・生活費の確保を目的とした必要度の高いアルバイトがいまだどの程度残存しているのか、といった実態把握の方が政策的にも主要な関心事になったといえる。

こうしてみると、『学生生活調査』の統計報告の出し方の転換こそ、この時期における学費・生活費のためのアルバイトから小遣い稼ぎのためのアルバイトへの転換という時代的変化を、まさしく象徴的に表現したものとみなすことができる。

3　数字でみるアルバイトの推移②——アルバイト従事率

従事時期別にみたアルバイト従事率の推移

一九九二年度まではアルバイト従事率の増加期であった。それではこの増加期には、授業期間中、あるいは長期休暇中など、一年間の学期をとおしてどの時期を利用して行うアルバイトが拡大していったのだろうか。図3でその推移をみていこう。

図3　アルバイト従事率

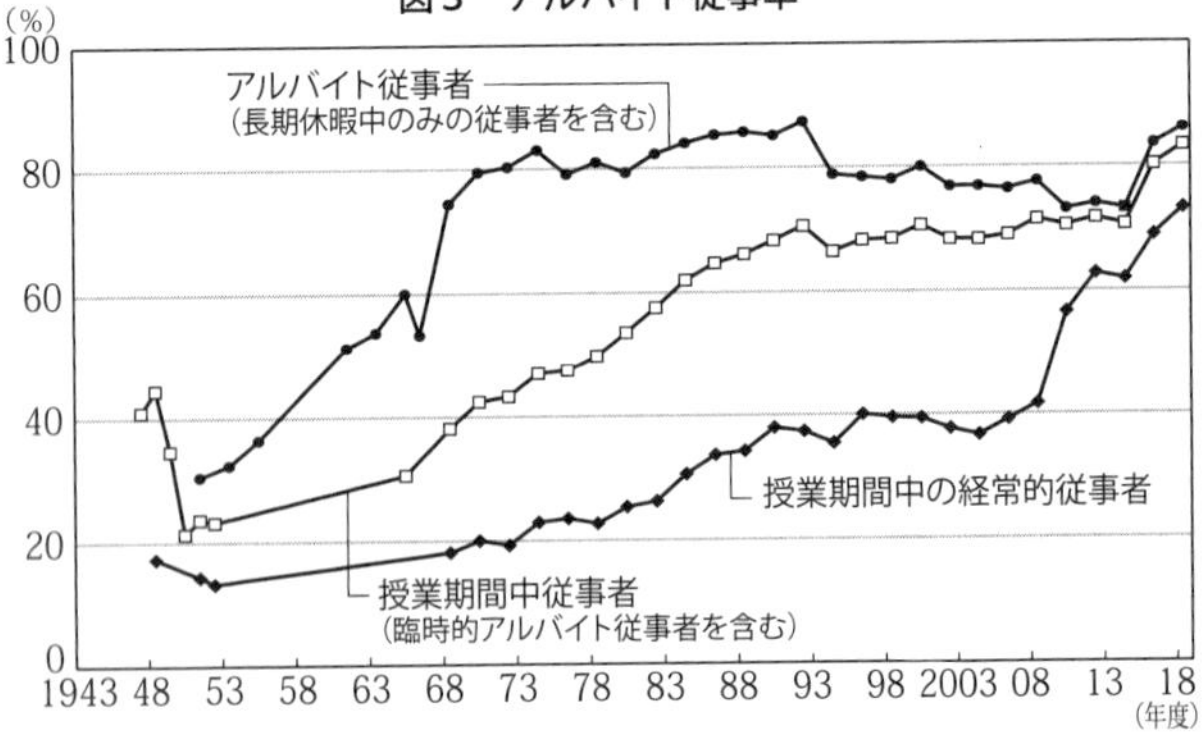

(『学生生活調査』より作成) ※注は図1-1（53ページ）を参照

授業期間中に経常的（定期的）にアルバイトに従事している学生の比率は、一九四八年度には一七・四%であったものが、五二年度までには一三・三%へと減少をみせている。臨時のものを含む授業期間中のアルバイト従事率についても、授業期間中の経常的アルバイト従事率の動きを考慮すれば、単年度単位の突発的な増減を例外として度外視すると、基本的には四七年度には四一・〇%であったものが、五二年度には二三・二%と、五〇年代初めまで減少しているとみなせる。

先に指摘したように、一九五〇年代初めは基本的には経済的理由を中心とするアルバイトの必要度がようやく減少し、それにつれ学生が少しずつアルバイトから離れ、大学の授業に戻っていった時期であった。

しかしその後、授業期間中の経常的アルバイトは、遅くとも一九七〇年度からは顕著な増加傾向に転じている。つまり六八年度を起点にとれば、この年に一八・二%であったものが、二〇一八年度には七三・二%にまで拡大している（なお二〇〇八年度から一〇年度にかけての急増は、図1-1〔53ページ〕の注2に記しておいたように、〇八年度までは推計値を用いざるをえなかったことによる影響が大きい）。

臨時的なものを含めた授業期間中のアルバイト従事率については、授業期間中の経常的アルバイトとほぼ同じ動きをしている。それに長期休暇中だけのアルバイト従事者を加えて、一年間に何らかの形でアルバイトを体験した学生の比率（単に「学生アルバイト従事率」と呼ぶ）についても確かめておけば（一九五一年度以前の時期については、授業期間中のアルバイト従事率のデータしかえられないので、この期間についてはその数字で代用する）、四七年度に四一・〇%以上であったものが、やはり五〇年代初めまで減少した後、増加傾向に転じ、遅くとも六一年度には五一・二%と五〇%を超え、さらには九二年度に八七・三%とピークに達している。しかしその後、二〇一〇年度まで低下した後、一二年度から急激な増加に転じている（図3では一二年度から一四年度にかけて減少しているようにみえるものの、後掲する図5の『生協調査』の動向などとも照らし合わせて考えれば、図3の一四年度の数字はサンプリングなどの問題の影響で低ブレしている可能性が強く、実際には一二年度より高くなると推測される）。

雇用情勢とアルバイト従事率

ここで総務省統計局『労働力調査』をもとに完全失業率についてみれば、一九五三〜一九九三年までは一・一〜二・八%の範囲で変動していた。しかし九四年からその上限を超える形で増加（悪化）を始め、二〇〇三〜〇四年頃に五・五%近くとピークに達した後、二〇〇七〜〇八年頃まで一時的に低下（改善）したものの、リーマンショックによる世界同時不況の影響を受け二〇〇九〜一〇年頃にはふたたび〇三〜〇四年頃の水準にまで上昇（悪化）する。ただし一一年以降には改善し現在にいたっている。この数字と対比させてみると、アルバイト従事率は雇用不況期には縮小し、雇用回復期には拡大するといった具合に、完全失業率に代表される雇用状況と基本的には連動した動きをみせている。

しかしこの要因を除いても、二〇一四年度以降は、それ以前の時期に比べ、授業期間中の経常的アルバイト従事率が急増している。その原因については、第六章で章を改めて考察する。

アルバイトの日常化

たとえば一九六八年度を例にとると、授業期間中の経常的アルバイト従事率は一八・二

%であった。これに対し、授業期間中もしくは長期休暇中に臨時的にのみ行うアルバイトの従事率は五六・二%だったと推計される。この年度を起点として、推計データに連続性がある二〇〇八年度までの期間についてみれば、授業期間中の経常的アルバイト従事率は四一・六%と二倍以上に増加するのに対し、臨時的なアルバイトは三六・〇%と三分の二以下にまで縮小する。

こうしてみると高木瑞恵が指摘するとおり、戦後日本の学生アルバイトは一九七〇年代以降、その経験者の比率や実数が増加してきたのみならず、臨時の短期的アルバイトから授業期間中の経常的なアルバイトへと転換する形で拡大してきたことは明らかである。

図3に示した長期休暇中・臨時的・経常的といったアルバイト時期の区分は、アルバイトをしていない学生を含めた全学生を母数としたものであり、そこには推計値をもとにした数字も含まれていた。ここでは『学生生活調査』に記載されている数字（アルバイト従事学生を母数とした構成比）を加工せずに使用した図4で、アルバイト時期の推移をみておこう。

ここでも一九六八〜二〇〇八年度についてみれば、「授業期間中に臨時的にのみアルバイトを行っている学生」の比率は、一二%前後の水準で横ばいで推移している。

これに対し図のなかでもっとも目を引くのは、「長期休暇中のみにアルバイトを行っている学生」の大幅な減少である。一九六八年度には四八・一%とほぼ半数のアルバイト学生

図4　アルバイト時期

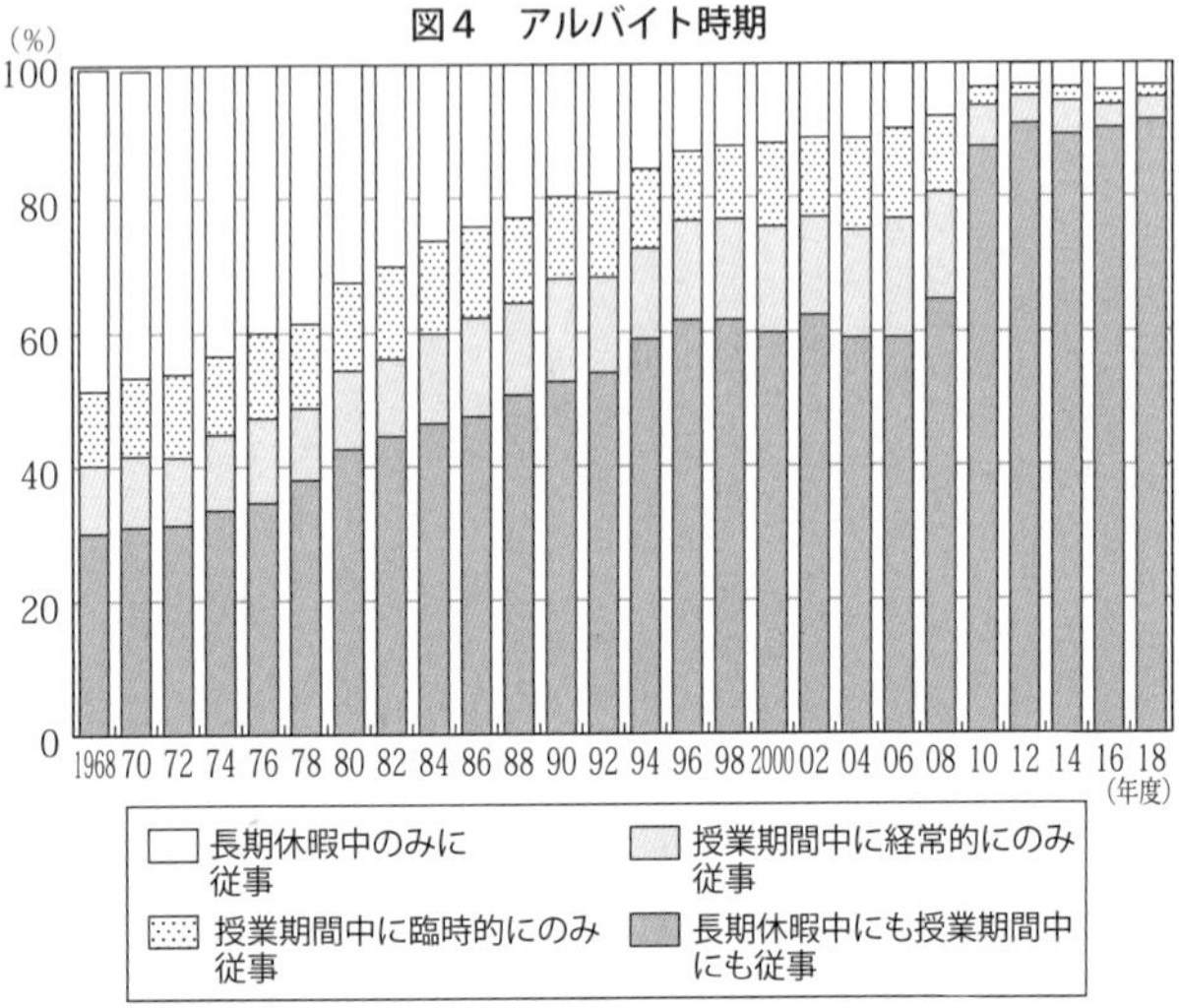

(『学生生活調査』より作成)

この調査では、アルバイト時期については、1968～2008年度までと2010年度以降では、質問の仕方が変わっている。2010年度以降では、「授業期間中に」・「長期休暇中に」それぞれについて、「まったくしなかった」、「不定期にした」、「週に１～２日した」、「週に３日以上した」の４択で答える質問になっている。1968～2008年度までについては、図１－１の注２参照。

が長期休暇中のみにアルバイトを行っていた。それが二〇〇八度には七・九％にまで激減しているのである。

それに代わってこの期間に一躍拡大しているのが、「授業期間中に経常的にのみアルバイトを行っている学生」と、「長期休暇中にも授業期間中にもアルバイトに従事している学生」である。しかもそのような学生の割合は、推計を含まない二〇一〇年度以降の数字でみれば、ほぼ九割に達する。

つまりアルバイトは授業

図5　授業期間中におけるアルバイト従事率

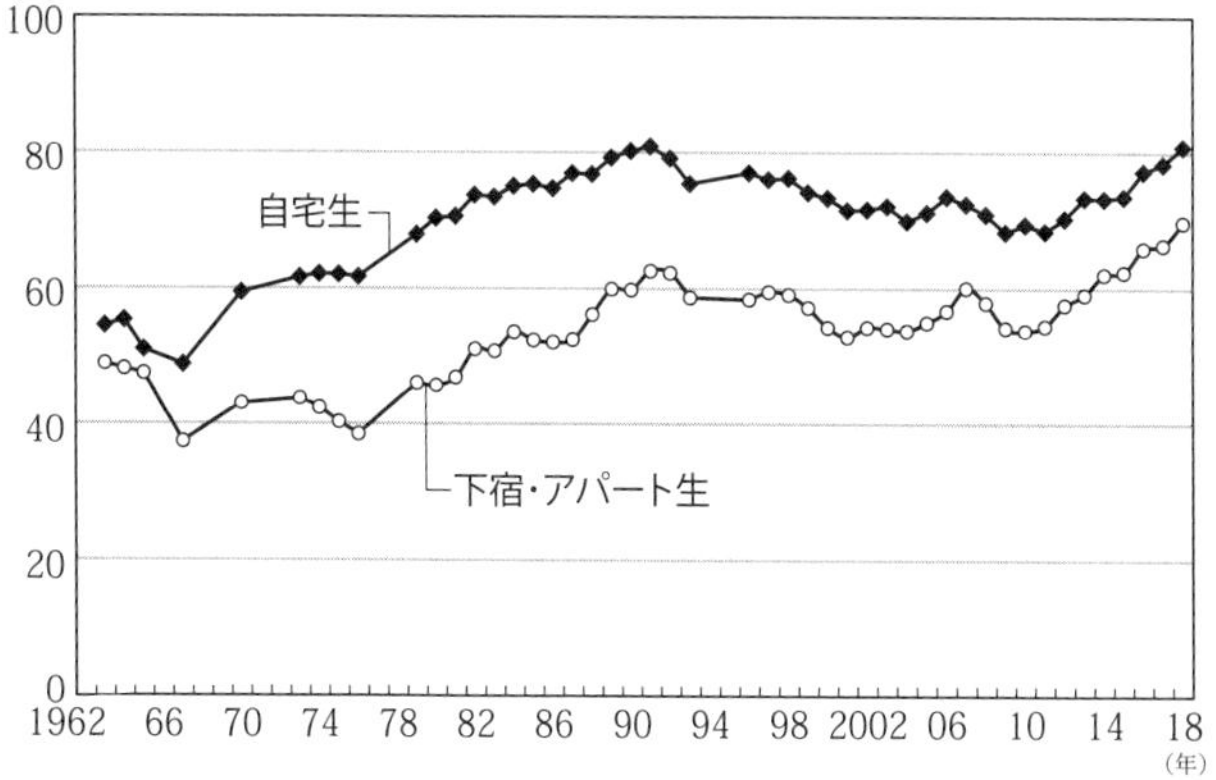

（全国大学生活協同組合連合会『学生生活実態調査報告書』各年版より作成）

1　図は、授業期間中のおおよそ毎月にわたって、臨時的なアルバイトを定期的に行うことにより、1ヵ月間にほぼ一定額の収入を得ていると推測される学生を含む比率。

2　2018年については、無回答者の比率が、それ以前の年に比べ、10ポイントほど高かったので、この年の無回答者の比率が、2017年水準であったものとして推計。

期間中に経常的に行うにとどまらず、長期休暇中にも連続して行うという形で、学生の生活のなかに日常的に組み込まれる活動として拡大していったのである。

アルバイトの日常化はいつから広まったか

ところで『学生生活調査』では、授業期間中のアルバイトについては一九五四〜六五年度のデータが抜けているので、このあいだのいつからその種のアルバイトが増加し始めたのかがわからない。しかし『生協調査』を利用すれば、六三年以降の動向を補うことができる。図5に示したように、授業期間中のアルバイトは六三～六七年には低下傾向にあった。しかし一九七〇年に増加のトレンドに転じる。その後の推移は、基本的には『学生生活調査』の動向と同じである。

つまり授業期間中へのアルバイトの浸透という意味でのアルバイトの日常化は、一九七〇年あたりから顕著になった傾向であるといえる。

4 学生アルバイト発達の時期区分

『昭和55年版 アルバイト白書』では、一九八〇年にいたる近代日本の学生アルバイトの歴史を概観するにあたって、つぎのような五つの時期区分を提示している。ⓐ戦前＝「苦学生」と「内職」の時代、ⓑ戦後混乱期（一九四六～四八年）＝アルバイト学生受難の時代、ⓒ戦後復興期（一九四九～五九年）＝アルバイト拡張期、ⓓ高度経済成長期（一九六〇～七二年）＝アルバイトの大衆化の時期、ⓔ安定経済成長期（一九七三年～）＝安定経済への適応期、である。

しかしこの時期区分は、日本経済の発展過程に幾分引きずられすぎている分け方のような印象を受ける。これに対し、戦後学生アルバイトの内実に即した性格変化を重視すれば、つぎのような新たな時期区分を立てることができると思われる。①一九四五～五〇年代前半：「学費・生活費のためのアルバイト」の時代、②五〇年代後半～六〇年代：学生アルバイト大衆化の時代（「学費・生活費のためのアルバイト」から「小遣い稼ぎのためのアルバイト」への転換期）、③七〇年代～九二年：学生アルバイト日常化の時代、④一九九三年～現在：不況・低経済成長時代のアルバイト、である。

本章の第二節でみてきたように一九五三年度にはアルバイト従事学生のうち、学費・生活費のために何らかの形でアルバイトを必要としていた学生の比率は、実に八八・三％に及んでいた。しかも経済的な理由でアルバイトを必要とする学生にようやく何とかアルバイトが行きわたるのは、一九五〇年代後半になってからであった。一九五〇年代前半までは、アルバイトを必要としながらも、適当な職をみつけることができない学生があふれていた。このような状況のなかで、多くの学生たちは学業を継続するために、「不健全」な、つまり学生としてふさわしくないとみなされていたアルバイト職種にまで、手を染めざるをえなかった。これが①の時期である。

それが②の時期には、生活が豊かになり、学費・生活費のためのアルバイトの必要が減少していった。にもかかわらずアルバイトは廃れるどころか、小遣い稼ぎのためのアルバイトに姿を変え、ますます拡大していった。そしてそれにともなって授業期間中・長期休暇中のアルバイトを含めて、一年間に何らかの形でアルバイトに従事する学生の比率も増加し、遅くとも六一年度には五〇%を超えることになった。つまりこの年度までには、アルバイトは全学生の半数以上が携わる活動として浸透していった。こうしてとくに一九五〇年代後半以降にアルバイトの大衆化が顕著になっていった。

つぎに③の時期になると、それ以前は主に長期休暇中だけを利用して行われていたアルバイトは、授業期間中に経常的に行うにとどまらず、長期休暇中にも連続して行うという形で、学生の生活のなかに日常的に組み込まれる活動として拡大していった。この意味で③の時期には、アルバイトの日常化が進展していき、アルバイトは量的のみならず質的にも、学生生活に深く浸透していった。

そして②・③の時代の延長として、小遣い稼ぎのためのアルバイトの拡大とそれにともなう学生へのアルバイトの浸透は一九九二年度にピークに達する。

バブル経済が崩壊し、日本が不況・低経済成長時代に突入するのは、一般的には一九九一年のこととされる。しかしその影響が学生生活にまで及ぶのは一九九三年以降のことになる。この④の時期については、第六章で詳しくみていくことにする。

第五章　アルバイトの大衆化・日常化と職種の転換

1　学生文化の変化とアルバイト大衆化の要因

アルバイト大衆化の要因

『昭和55年版　アルバイト白書』では、一九六〇～七二（昭和三五～四七）年の「高度経済成長期（アルバイト大衆化の時期）」には、表2に示したような要因によって、「供給者たる学生の側においても、アルバイトの必要性が増大し、また、需要者たる企業側においても、貴重な労働力としてアルバイトを必要とした時期である」と指摘している。

しかしこのような状況は、突然降って湧いたわけではない。一九五五年の神武景気を引き金にして、五〇年代後半は本格的な高度経済成長の到来に向けての先駆けをなす時期であった。それを象徴する言葉こそが、一九五六年の『経済白書』が結語で高らかに宣言した、「もはや『戦後』ではない」という言葉である（実際はこの言葉は『白書』をきちんと読めばわかるように、日本はこれから本格的な高度成長へと離陸していくことを予見するような楽観的トーンに満ちた表現ではなく、朝鮮戦争特需の終焉《しゅうえん》とともに終戦からの復興をもたらしてくれた経済成長はもはや期待できないという意味で「戦後」は終わり、今後の成長を果たすため

表2　高度経済成長期（1960〜72年）におけるアルバイト大衆化の要因

(1) 学生側の要因
(a) 進学率の上昇にともなう大学の大衆化。 つまり、アルバイトで生活補助をする必要がある、低所得者層出身学生の大学への大量流入、および勉学以外の活動に興味・関心を強くもつ大学進学者の増大。 (b) 高度経済成長にともなう国民全体へのレジャー文化の浸透に呼応して、趣味・娯楽を中心におく生活態度・学生文化へと向かう志向性の増大。 (c) アルバイトに対する家族からの拒否反応の喪失。
(2) 企業サイドの要因
(a) 高度経済成長、第二次産業から労働集約的な第三次産業への産業構造の転換、および進学率の上昇にともなう労働力不足、とくに若年労働力不足を補う手段としての、学生アルバイトおよび主婦パートの活用の必要性。 (b) その多くが季節商売的要素をもつレジャー産業の発展にともなう、季節的労働力不足の解消の手段としての、学生アルバイトの活用。

学生援護会編『昭和55年版 アルバイト白書』1980年、pp.31-34を参照。なお、表中の(1)学生側の要因の(a)については、高木瑞恵「大学生アルバイトの戦後史」その1、『IDE 現代の高等教育』No.420、2000年、pp.77-78も参照。

には近代化を進めていかなければならないという難事業が待ち受けている、というったむしろ厳しい認識を示したものであった)。その意味で、六〇年以降に「アルバイトの大衆化」をもたらした要因として、表2に整理したものの多くは、すでに五〇年代後半の時期には胎動していた。

ここではとくに表2のなかの、アルバイト大衆化をもたらした「学生側の要因」の一つとされる、「勉学以外の活動に興味・関心を強くもつ大学進学者の増大」「趣味・娯楽を中心におく生活態度・学生文化へと向かう志向性の増大」についてみていこう。

娯楽消費志向の台頭

たとえば評論家の坂田稔によると、すでに一九五五年あたりから、一般家庭における家庭電化製品を中心とした耐久消費財ブームと軌を一にするように、学生のあいだでもカメラ、トランジスタラジオ、ステレオ、バイク、自転車、8ミリカメラ、ギターといった娯楽目的の耐久消費財ブームが頭をもたげ始めていた。さらに学生のあいだにおける、「私的自由・安楽への志向」が顕著な傾向になっていくのも、この年あたりからだという。

この耐久消費財ブームの後に押し寄せたのが、余暇・レジャーブームである。たとえば経済学者の柴垣和夫によると、日本で「余暇」という言葉が初めて使われたのは、一九五九年のことだとされる。同様に、米川明彦や社会心理学者の石川義弘などによれば、「レジャー」という言葉が日本で流行りだしたのは六一年頃のことだという。

また「私的自由・安楽への志向」とのつながりでいえば、竹内洋は、大学生の学校外学習時間が遅くとも一九五〇年以降、今日まで一貫して減少状態にあることを明らかにしている。それを反映して早くも一九五〇年代末あたりから、心理学者の溝上慎一によれば、「遊んでばかりいて勉強しない」大学生への批判が噴出しだしたという。

娯楽目的の耐久消費財、あるいは余暇・レジャーなどといったブームの波に乗り遅れないようにするためには、それなりの出費を要し、その費用を捻出する必要が出てくる。そして小遣い・仕送りなどの家庭からの援助の範囲内で賄えない場合は、その費用は自分で捻出せざるをえない。学生にとってそれを達成するもっとも手軽な手段は、アルバイトになる。だから学生のあいだに娯楽消費志向が浸透すればするほど、小遣い稼ぎのためのアルバイトの拡大という形をとって、アルバイトの大衆化が進展していくことになる。

増大する遊び関連経費

それではここまでみてきたような娯楽消費文化の浸透によって、遊び関連経費はどの程度増大していったのであろうか。この点について、実際の数字で確かめておこう。『学生生活調査』では、大学生活を送るために、学生たちがどのような費目に支出したのかについても調査している。図6は、学生の生活費支出のなかでも「修学費」、「娯楽し好費」、「課外活動費」への出費状況の時系列変化を示したものである。ここで修学費は「勉強学生文化」への投資、娯楽し好費・課外活動費は「遊び学生文化」への投資とみなせる。これらの指標をもとにして、学生文化の変化の様相を確かめることにしよう。

なお経年比較を可能にするため、各費目の支出額は、二〇一五年度の消費者物価指数をもとに現在の貨幣価値に換算してある（図7についても同様）。修学費については一九五五

図6　学生生活費支出（年額）の推移

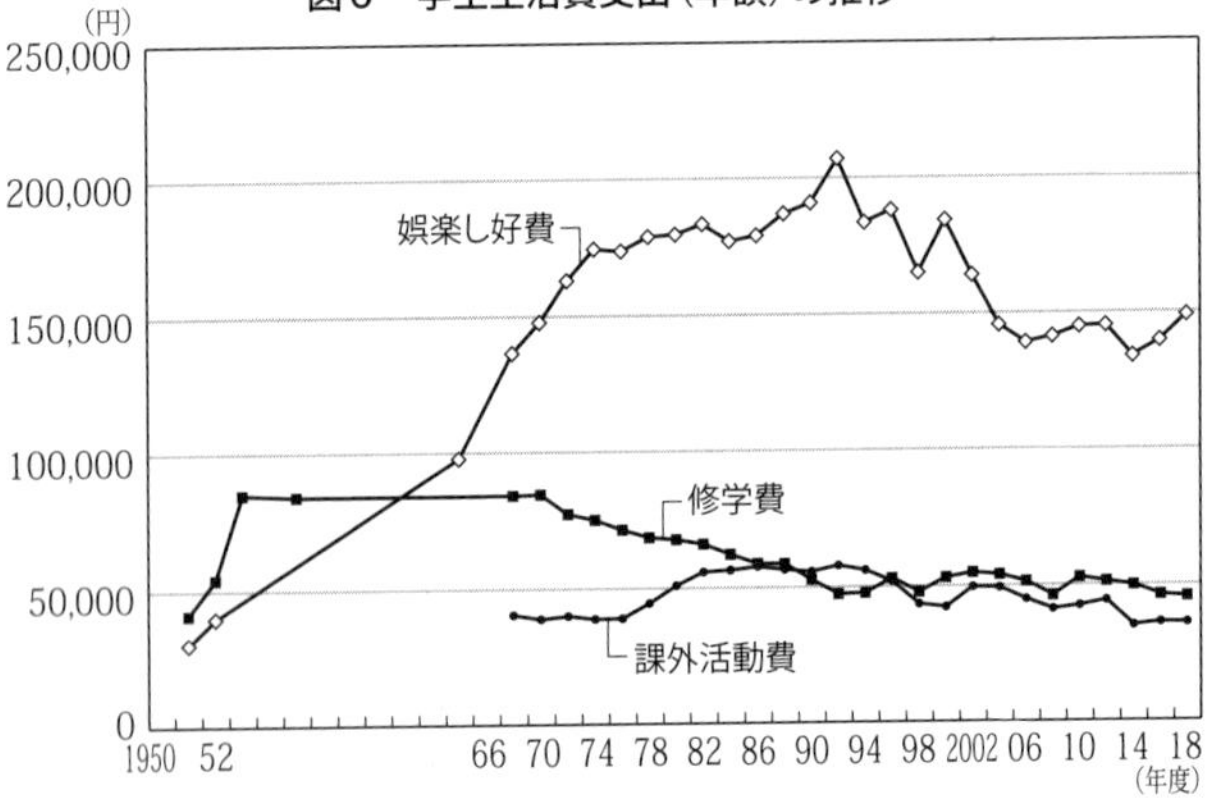

（『学生生活調査』より作成）
各年度の数値は、2015年度の消費者物価指数をもとに現在の円価格に換算してある。

〜六七年度までの、娯楽し好費については五三〜六四年度までの公表データが欠落している。また課外活動費への支出がデータに加わるのは六八年度からであることに注意が必要である。

まず修学費は、一九五一年度から五三年度までの時期には上昇をみせている。一九四〇年代は生活費を確保するために学費さえ犠牲にせざるをえない、生活苦の時代とでも呼ぶことのできるどん底状態にあった。それが五〇〜五三年の朝鮮戦争特需によって、生活苦の時代を脱し、生活費だけではなくある程度のお金を学費に回すだけの経済的余裕が出てきたものと思われる。そして七〇年度以降、九二年度までほぼ減少をつづけた後は、多少の起伏はみられるものの、トレンドとしては基本的には横ばい状態にある。つまり修学費は五一〜五三年度の時期を唯一の例外として、増加をみせることはなかった。

これに対し娯楽し好費は一九五一年度から九二年度まで、トレンドとしてみれば急激に増加している。その費用は、五一年度には現在の円価格に換算して年間約三万円にすぎなかったものが、ピークとなる九二年には約二一万円と、七倍近くにまで膨れ上がっているのである。のみならず遅くとも六八年度までには娯楽し好費が修学費を上回り、支出順位の逆転現象がみられる。つまりこの年までに、学生たちは勉強よりも、遊びへ投資する傾向が顕著になったのである。

サークル費用を中心とする課外活動費についても、起点となる一九七六年度から九二年度まで増加をつづけている。

こうしてみると、一九九二年度までの遊び関連経費の飛躍的膨張は明らかである。

勉強・教養文化の衰退

『学生生活調査』の修学費に関しては、『生協調査』を併用すれば、月額価格になるものの、一九六七年以降については「書籍費」と「（文具代などの）勉学費」に分けたデータがえられる。それをもとにすれば、図7に示したように、勉学費は六七年以降今日にいたる

図7　学生の娯楽教養費および勉学関係支出（月額）の推移

(1) 自宅生

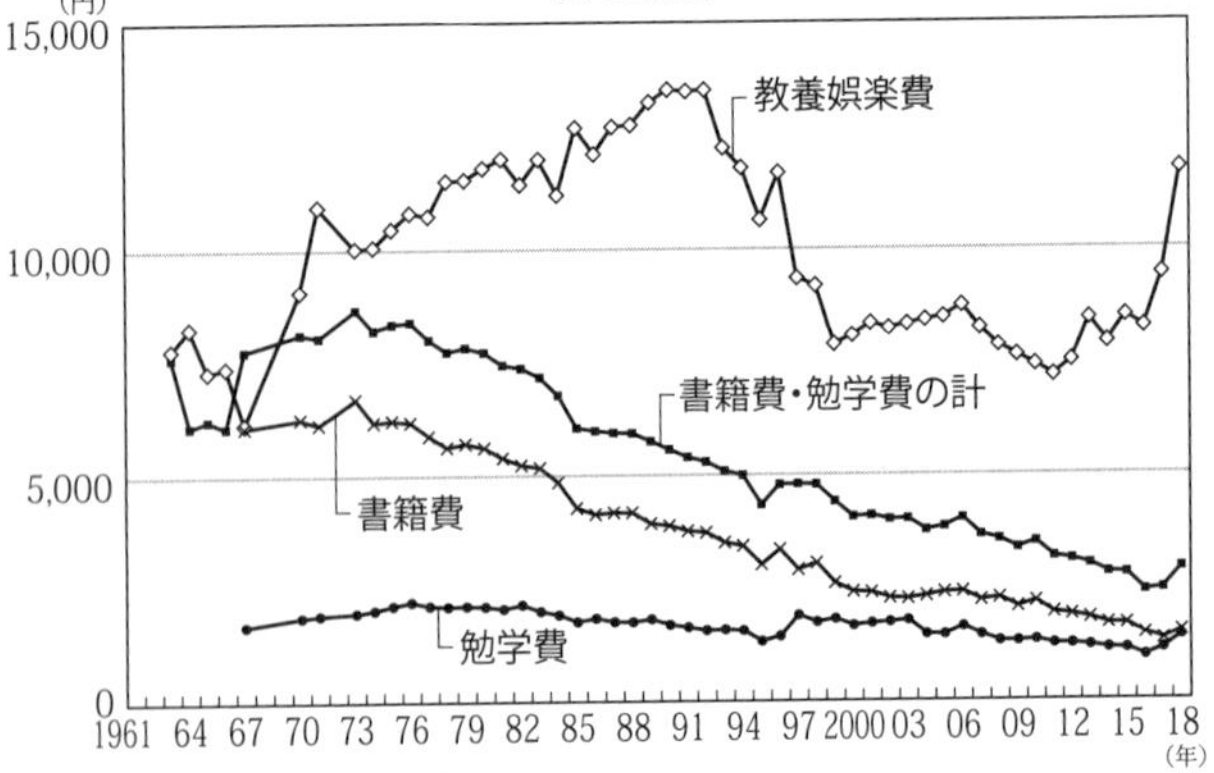

(2) 下宿生

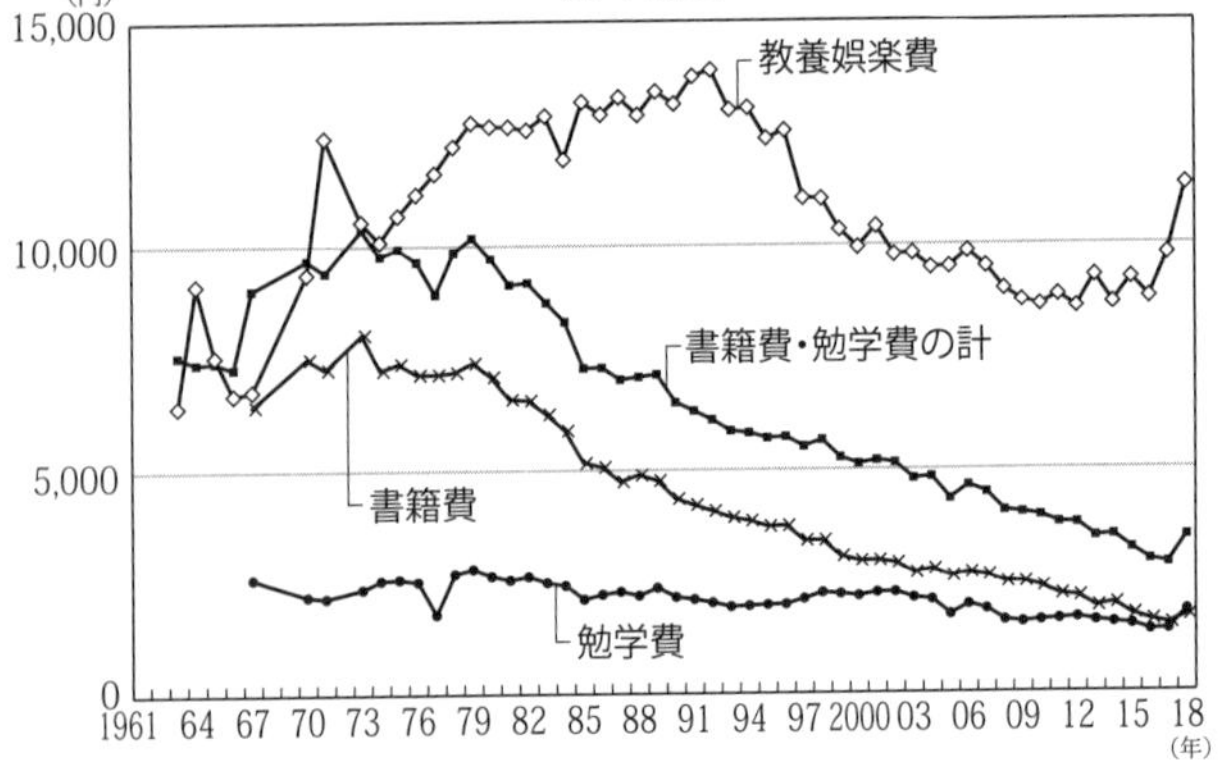

（全国大学生活協同組合連合会『学生の消費生活に関する実態調査』各年版より作成）
各年の数値は、2015年の消費者物価指数をもとにした円価格に換算してある。

図8　1日当たりの読書時間の推移

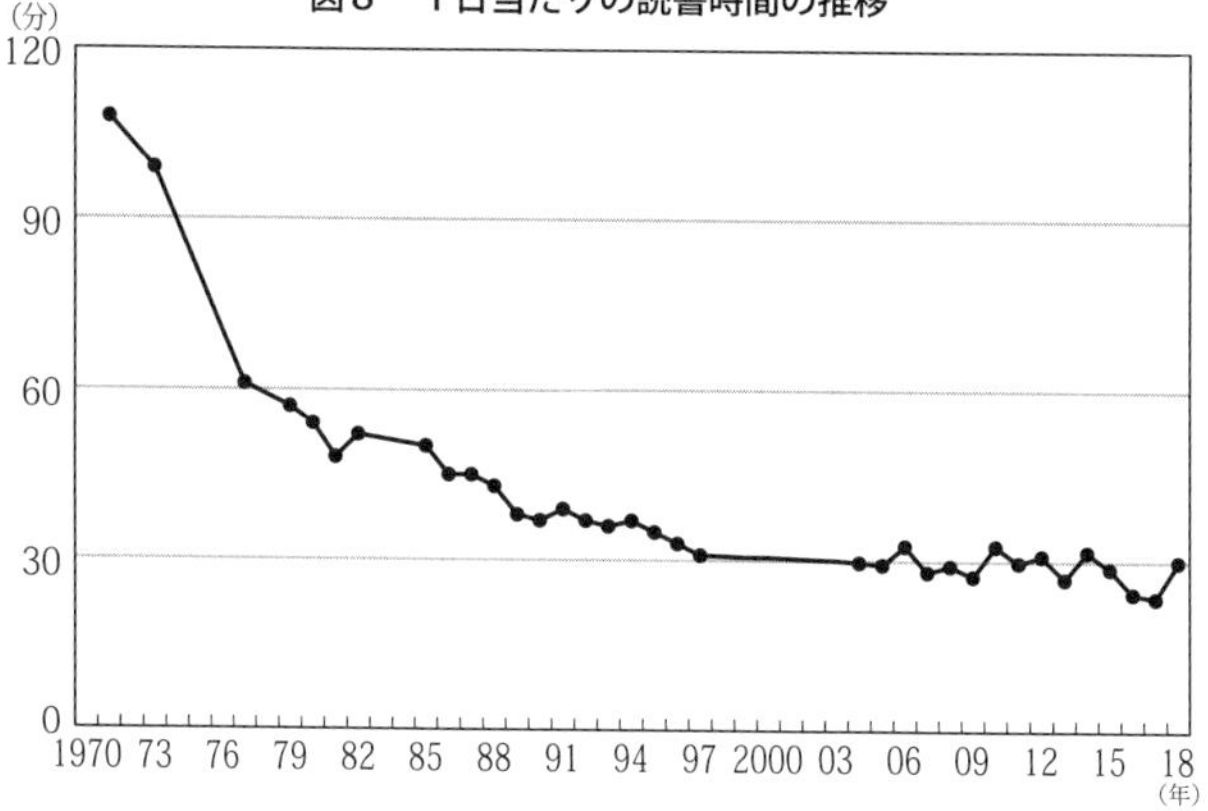

（全国大学生活協同組合連合会『学生の消費生活に関する実態調査報告書』より作成）
2009年以前は冊子の読書時間を含む。2010年以降はそれに加えて電子書籍を含む読書時間。

までほぼ横ばいをつづけている。これに対し書籍費は七〇年代前半以降、顕著な減少をみせている。『学生生活調査』の修学費に相当する、『生協調査』の「書籍費＋文具代などの勉学費」は、一九九二年以降も二〇一六年まで減少をみせている。この点は『学生生活調査』の修学費の推移と一致しないとはいえ、七〇年代前半以降の修学費の縮小は、書籍費の削減によってもたらされたものだったことは明らかである。

　ここで別のデータを用いて、「読書離れ」の傾向を再確認しておこう。図8に示したように、大学生の一日当たりの平均読書時間は、一九七一年には一〇八分だったものが激減し、二〇〇四年には二九分と、ついに三〇分を切り、〇九年の二七・四分まで減少をつづける。一〇年以降の読書時間は、冊子体に限らず電子書籍を加えた集計になっている。それを原因とするデータ上の読書時間の増加を勘案すれば、一七年まで読書時間の減少は継続しているとみなせる。しかも一七年は、電子書籍を加えてさえ、読書時間は二三・六分にまで縮小している。一八年には三〇・〇分と、一〇〜一五年水準までへの回復がみられるものの、読書時間を指標としても遅くとも七〇年代初めから「読書離れ」が顕著な傾向になっていくことだけは確かである。

竹内洋によれば、大学生の読書離れがいわれ始めたのは、一九六八・六九年の大学紛争（全共闘運動）が終焉した一九七〇年代前半の時期からだとされる。それが実際の数字でも確認できることになる。勉強と読書を合わせて、「勉強・教養文化」と名づけるなら、遅くとも七〇年頃からのその衰退は明白である。

なお図6・図7に関するバブル経済崩壊後の動向については、章を改めて第六章でみていくことにしたい。

アルバイト収入額の増加

ここまでみてきたように、とくに一九五〇年代以降、九二年度まで遊び関連経費が飛躍

図9　アルバイト収入額（年額）の推移

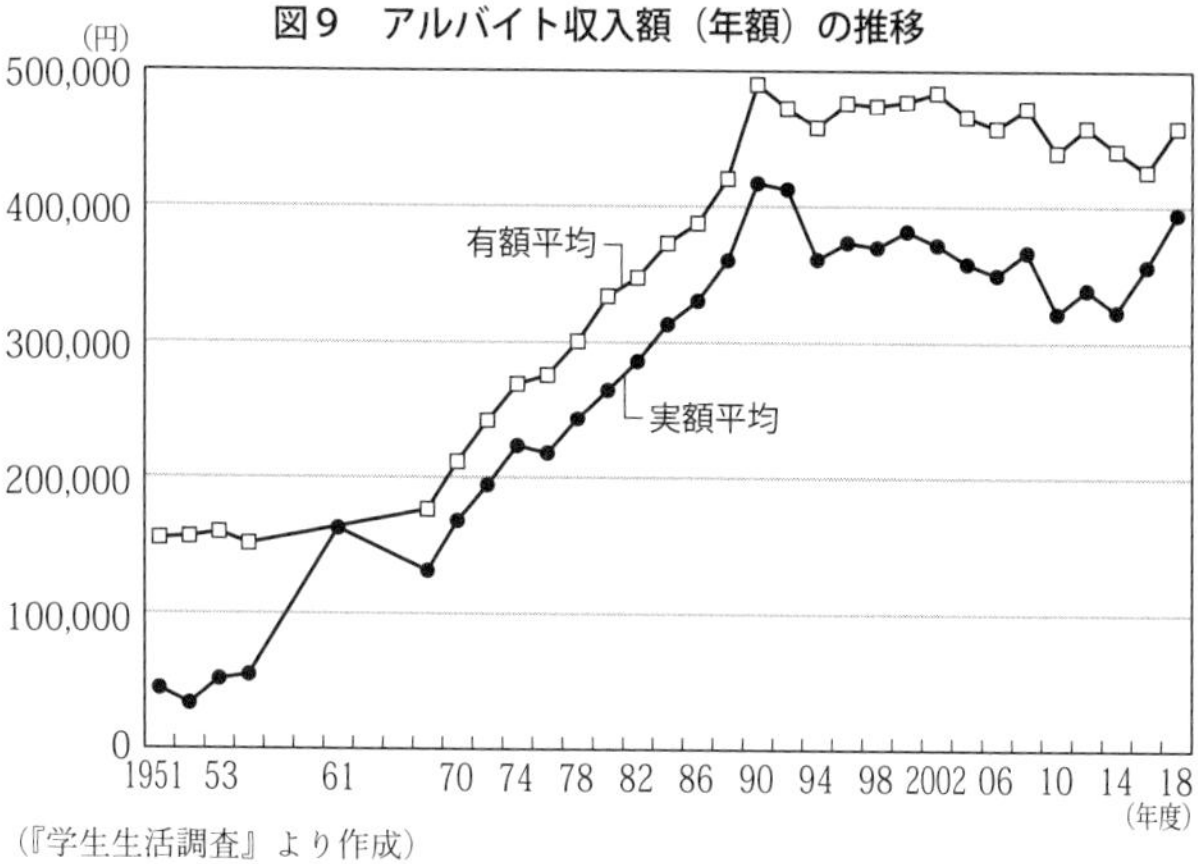

（『学生生活調査』より作成）

1　有額平均＝実額平均÷アルバイト従事率で算出。
2　各年度の数値は、2015年度の消費者物価指数をもとに現在の円価格に換算してある。
3　1955年度以前については、月額×12（ヵ月）で算出。

的に拡大した。いやますその費用を捻出するため、学生はアルバイト収入の増額を図らねばならなくなった。それはアルバイト収入額（年額）の推移を示した図9をみれば明らかである。なおこの図も、二〇一五年度の消費者物価指数をもとに現在の貨幣価値に換算してある。

まず、アルバイトに従事している学生だけを取り出した場合のアルバイト収入金額（有額平均）からみていこう。それは、一九五一年度以降、六八年度頃まで横ばいに近い微増をみせていた。それがこの年度を起点に、九〇年度まで急増の一途をたどっていることがわかる。

ただし、図9では九〇年度の数字が高ブレしているか、もしくは九二年度の数字が低ブレしている可能性が高い。よってアルバイト収入金額のピーク年度は九二年度であり、バブル経済崩壊の影響が現れるのは九四年度以降とみなしてよいものと思われる。事実、『生協調査』では、アルバイト収入がピークに達するのは、一九九二年になっている。

さて、この一九七〇年代から九〇年代初めにかけての時期におけるアルバイト収入の増大は、主として学生のアルバイト就業時間の増加によってもたらされたものである。同一調査で二時点間の比較が可能な数少ないデータをもとにすると、たとえば一九八三年から九三年にかけて、その時間は週当たり平均で一〇・〇時間から一二・五時間へと増加している(『生協調査』)。そしてこの間のアルバイト収入額の増分は、ほぼその就業時間数の増分と一致している。このアルバイト時間の増加は、アルバイトが臨時的な性格をもつものから授業期間中の経常的なものへと大きく転換したことに起因することは明らかといえる。

つぎにアルバイトをしていない学生を含めたアルバイト収入、つまり実額平均をみれば、有額平均の増加をほぼそのまま反映して、トレンドとしてはやはり一九六八年度以降、九〇年度まで急増の一途をたどっている。それ以前の五五年度から六八年度にかけて、有額平均の推移とは異なり実額平均が急激に伸びているのは、この時期にアルバイトをする学生、つまりアルバイト従事率が拡大した影響の現れである。実額平均を算出する場合、アルバイト非従事者のアルバイト収入は〇円として計算するので、アルバイト従事者が増えれば、その人数分だけアルバイト収入の平均値は押し上げられることになるからである。

一九六八年度と九〇年度の金額を比較すれば、この間にアルバイト収入額の有額平均は、二・七八倍に、実額平均は三・一七倍にまで、いずれも三〇万円前後の増大をみせているのである。ここで実額平均（アルバイトをしていない学生を含む）の方が有額平均（アルバイトをしている学生のみの平均）より高い倍率で増えているのは、この期間にもアルバイト従事率が拡大した影響の現れである。

つまり一九七〇年代〜九〇年代初めの時期は、アルバイトをする学生が拡大したのみならず、アルバイトの日常化が進み就労時間が増加し、それにともないアルバイト収入も飛躍的に増大した時期であった。

なおバブル経済崩壊後のアルバイト収入の推移については、章を改めて第六章でみていくことにしたい。

レジャーランド大学の時代

ここまでアルバイトの大衆化・日常化をもたらす大きな要因の一つとなった、学生文化の変化についてみてきた。ここまでのまとめを行っておこう。

一九五〇年代後半期から、すでに遊び文化は台頭を始めていた。それが一九六八・六九年の全共闘運動・大学紛争の挫折を転機として、学生たちが社会的・政治的関心を急速に失い、「しらけ」ていくなかで、勉強・教養文化が著しく衰退するのと反対に、遊び文化が急速に拡大していったことは、多くの若者・青年文化論の指摘するところである。今回のデータからも、それが確認できる。そして竹内洋によれば、ついに八〇年代中頃には、日本の大学を「レジャーランド大学」と名づける人が出てくるところまでいきつく。しかもそれは、バブル経済が絶頂期を迎える九〇年代の初めまで、繁栄をつづけこそすれ後退することはなかった。

こうして、遊び文化をもとにした娯楽消費志向が、学生のあいだに広く浸透すればするほど、小遣い稼ぎのためのアルバイトの拡大という形をとって、アルバイトの大衆化が進展していくことになる。同時にそれへの志向が学生のなかに深く食い込めば食い込むほど、そこにかかる費用は膨れ上がっていき、その経費を賄うためにアルバイト収入の増加を図らねばならなくなる。それを実現するためには、アルバイト時間の増加が必要になっていき、アルバイトの日常化が進展していく。

さらにこのような金銭的関心を超えて、学生の日常的興味・関心が遊び文化、つまり「反知性主義」志向を延長する形で、アルバイトへ向かっていったことは、社会学者の中野収《おさむ》が指摘するように、十分考えられる事柄である。

ここにおいてついに、アルバイトは経済的にも文化的にも学生生活のなかで大きな比重を占める活動として定着していくことになる。

学生文化もバブルの時代へ

そしてその娯楽消費志向が全盛期となるのが、一九八六年に始まり、九〇年代初めに終焉を迎えるバブル経済期である。

この時期に流行った、ボーイフレンドの種類を表す言葉として、「本命君」、「メッシー君」、「アッシー君」、「ミツグ君」がある。メッシー君とは、食事（メシ）をおごってもらいたいとき用のボーイフレンド。アッシー君とは、車での送迎運転手、つまり足替わり用のボーイフレンド。ミツグ君とは、プレゼントを貢いでもらうため用のボーイフレンドのことである。

『キャンパスライフの今』のなかで指摘したように、一九七〇年代後半から、若者向けの男性雑誌・女性雑誌が恋愛・デートをテーマとした企画を取り扱うようになった。その影響を受け、異性の交際相手をもちたいとの憧れが、以前よりも多くの若者の中心的関心になっていった。このような状況のなかで、現在の言葉でいえば「リア充」とまではいかないものの「プチ・リア充」を求めるなら、デートをしてくれるだけでもよいから交際相手を確保する必要がある。

世の中全体の風潮が金ピカの贅沢消費に流れるなか、食事やプレゼントはいうにおよばず、車も高級なもの（多くの場合、外車）でなければ、デートしてもらうことさえ難しい。そのような事態を避けるためには、相当の出費を覚悟しなければならない。

このようにバブルの時代には、男子学生はデートをするために多額のお金を必要とした。そしてそのお金を賄うためだけでも、それ以前の時代以上にアルバイトに励むようになったのである。

女子学生の場合は、デートに関しては男子学生が払ってくれるのでそれほど出費はかからなかったとしても、海外旅行、スキー、お立ち台ディスコに通うことなどといったお金のかかる遊びに加えて、高級ファッションブームが一世を風靡《ふうび》するなかで、友人たちに乗り遅れまいとすればやはり出費がかさむことになる。その結果、彼女らもアルバイトに励まざるをえなくなったのである。

2　「健康で文化的な最低限度の大学生活」の中身の変容

アルバイトを必要とする理由の変化

ここまでみてきた遊び学生文化の隆盛・進展は、学生アルバイトの大衆化・日常化をもたらしたのみならず、大学生活を維持するためにアルバイトをしなければならない「苦学生」、つまり第四章の図2に示した、家庭からの給付のみでは「修学不自由」、および「修学継続困難」なアルバイト学生の定義・実像にも大きな変更を迫るものとなった。

この点について、たとえば高木瑞恵はつぎのように指摘する。六〇年代前半には、「日本全体が豊かになっていくなかで、いままで娯楽とされてきたことがごく当たり前のことになった。当然、学生たちもその中で育ったわけであるから、『レジャー』を……日常生活に欠かせないことと考えるようになった」。だとしても、多くの学生たちにとっては、「親の仕送りでレジャー資金までまかなうのは困難であった。その結果、その費用捻出としてのアルバイトも普通のことになったのである。そのため、実は『アルバイト必要者』の意義もあいまいになる。一部の苦学生のほかは、いわばアルバイトの相対的必要者であった。相対的必要者とは、『仕送りのみでは修学に不自由な者』を指すが、彼らと不必要者との境界は曖昧である。同じ仕送り額であっても、質素な生活のためにアルバイトしなくても事足りると感じるものもいれば、それでは足りないと感じるものも出現するようになった」、というのである。

ここで高木が問題にしているのは、「仕送りのみでは修学に不自由な者」という「相対的なアルバイト必要者」である。しかしそれより重要性をもつのは、「絶対的なアルバイト必要者」と考えられる、「アルバイトをしなければ修学継続困難」な学生グループの動向である。

「アルバイトをしなければ修学継続困難」な学生グループのアルバイト目的

一九七〇年以降の『学生生活調査』を利用すると、アルバイトの必要度グループごとに、アルバイト収入をどのような支出費目へ回しているのかが分析できる。つまりどの費目の支出経費を補うために、学生たちがアルバイトに精を出しているのか、その目的を知ることができるわけである。

なお経済的にもっとも苦しい学生グループは、「家庭からの給付なし」の集団であると考えられる。しかしこの集団は人数が少ないためサンプルが安定していないことが主な原

図10 「アルバイトに従事しなければ修学継続困難」と答えた学生のアルバイトの目的

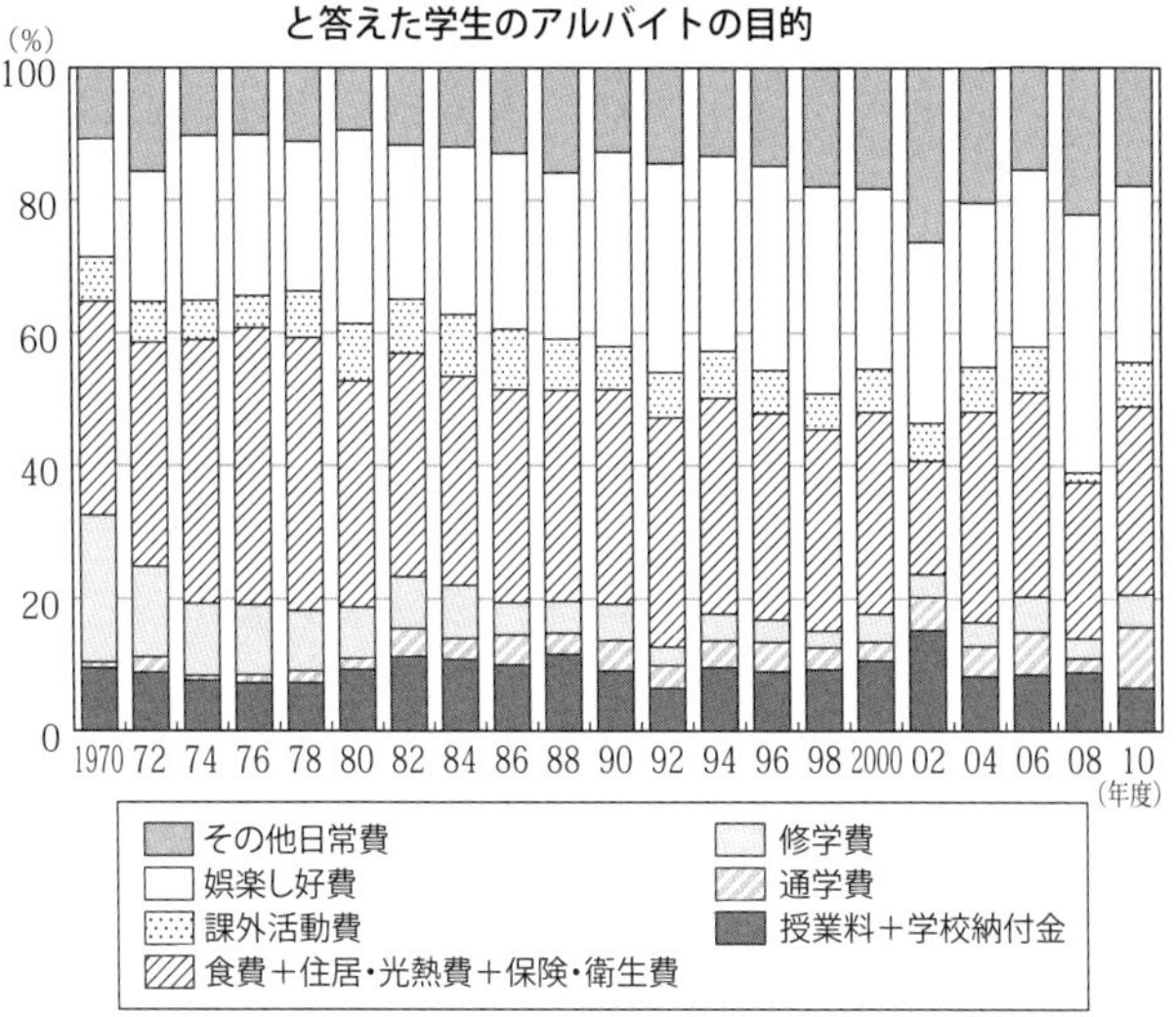

(『学生生活調査』より作成)

この項目に関する調査は、2010年度を最後にその後は行われていない。

因となり、年度ごとの変動が大きすぎる。そこでここでは「アルバイトをしなければ修学継続困難」な学生だけを取り出して、アルバイト目的の時系列変化を図10でみていこう。この図からは、つぎのことが明らかになる。

①食費・住居費などの日常生活維持費や、授業料・学校納付金を捻出するために、アルバイトを行っている学生の比率は、年度によって多少の増減は観察されるものの、ほぼ横ばい状態で推移しているとみなせる。

②修学費を稼ぎ出すためのアルバイトは、減少傾向にある。

③通学費の補塡《ほてん》を目的とするアルバイトについては、一九八〇年から八二年にかけて急増傾向が観察されるものの、その後は漸減もしくは横ばいをつづけているとみなせる。

④「アルバイトをしなくても修学可能」な学生グループでは、娯楽し好費を補うために、アルバイトに励んでいる人の割合は、毎年六割前後の水準を維持している。この数字と比較すると、アルバイトをしなければ修学継続困難な学生グループでは、娯楽し好費を稼ぎ出すことを目的とするアルバイトは、どの年度をとっても当然のことながら六割よりもかなり低くなっている。だとしてもより重要なことは、①〜③が横ばいもしくは減少傾向にあるなかで、娯楽し好費を充足する目的で行うアルバイトだけは著しい拡大をみせている点である。その比率は、七〇年には一七・八%だったものが、九〇年以降はおおよそ三〇%前後の水準にまで上昇している。

一九六〇年代後半から、学生全体の生活費で娯楽し好費が著しく増大していく様子については、すでに概観してきたとおりである。そのような学生全般の風潮に影響を受け、「アルバイトをしなければ修学継続困難」という定義自体の内容が、学費や日常生活維持費だけではなく、娯楽し好費をも含めたものに変化していったと考えられる。こうしてみると、娯楽・レジャーは、ほとんどすべての学生にとって、「健康で文化的な最低限度の大学生活」を送る上での必需品・標準装備とみなされるまでに成長したといえる。

もちろん、学生生活を送るためには、最低限の交際費も必要になってくるだろう。そして、日常生活維持費や学費をようやく確保するだけの支援しか家族から受けることができないゆえに、交際費などに代表される娯楽し好費のほぼ全額を、アルバイトに頼らざるをえない学生も存在するにちがいない。その点は考慮するにしても、この図からは、学業に対してよりも娯楽し好費が、学生生活のなかで、いかに日常的に大きなウエイトをもつようになってきたかがわかる。

3　アルバイト仲介情報誌の登場

アルバイトに対する学生側の需要と企業側の供給とがともに高まっていき、学生アルバイトの大衆化が進行していった結果、一九六〇年代に入ると、大きなアルバイト市場が成り立つことになる。そのことを象徴する出来事が、アルバイト仲介情報誌の創刊である。一九六〇年には学生生活情報センターによって、関西圏を市場に『日刊アルバイトパートタイマー情報』が創刊されている。また、関東圏では六七年二月に、学生援護会によって『アルバイトニュース速報』（のちの『アルバイトニュースａｎ』）が販売開始され、同年一〇月からは日刊となった。

学生援護会は、五六年に東京都内の私立大学の学生有志七名によって、もともと学生への下宿斡旋を目的に結成された会社であり、五八年からは会員向け生活情報紙『学生タイムズ』を発刊していた。そしてその後、『学生タイムズ』への折り込み広告でアルバイトの紹介をすでに行っていた。それが、事務所の相談窓口にアルバイト斡旋を求める学生が増加していることに目をつけ、『アルバイトニュース速報』の発売に踏み切ったという。

なお『日刊アルバイトパートタイマー情報』は、関西大学在学中のいしいひさいちのマンガ家デビュー作となる「Ｏｈ！　バイトくん」の連載が一九七二年から始まったことで知る人ぞ知る雑誌であることを余談として記しておきたい。

それらの変遷《へんせん》として特筆すべきは、両雑誌とも複数回にわたる雑誌名変更をへて、今は廃刊になっていることだろう。同様に、両社とも合併などをへて会社名も変わっている。

とくに『アルバイトニュースａｎ』は、アルバイト情報提供の手段としてのウェブサイトやフリーペーパー（無料誌）の、二〇〇〇年代中頃からの普及・浸透により、有償雑誌の売れ行きが落ち込み気味になっていったことなどの影響を受け、ついに二〇一七年八月には雑誌媒体からウェブ媒体による求人情報提供へと移行したものの、一九年一一月二五日をもってウェブからも、最終的には撤退している。

4　アルバイトの日常化をもたらした雇用側の要因

「消極的アルバイト雇用」から「積極的アルバイト雇用」への転換

加えて一九七〇年代に入ると、この学生アルバイトの日常化を促進する変化が、雇用側でも起こる。いわゆる、「消極的アルバイト雇用」から「積極的アルバイト雇用」への転換とも称される事態の進展である。つまり、「アルバイト雇用企業の数は、昭和四〇年代［一九六〇年代後半］になって急激に増加する。これは、高度経済成長期の若年労働力不足を背景とする代替雇用の側面を強くもってい」た。しかし、とくに七〇年代の「安定成長期に入ってもそれはいっそう増加するが、それとともに経営上のアルバイト労働の重要性も増大する。アルバイトは単なる周辺労働から、パートタイムの主要労働へと変化し」ていったのである（『昭和56年版　アルバイト白書』）。代替雇用とは、本当は若手正社員を雇用したいけれども、社会全体での人手不足の影響を受け、それが無理であるため、仕方なく若手正社員の不足分をアルバイトで補う（代替する）ことである。そしてアルバイトの主要労働への変化とは具体的にいうと、たとえば飲食店の店員や、スーパーのレジ係など、正社員ではなく、初めからアルバイト雇用を前提とする経営の出現である。その典型が、ファストフード店や、コンビニエンスストアなどである。

一九七一年にマクドナルド、ミスタードーナツといった外資系店舗の日本展開を嚆矢《こうし》として以降、ファストフード店は急速な広がりをみせていく。また、七〇年代前半からはコンビニ、八〇年代に入るとファミリーレストランなども登場し、急激に事業を拡大していく。

これらの業種では、正社員の雇用をアルバイトに置き換えることによって人件費を抑制し、商品の価格を低く抑え、売り上げ・利益を伸ばすという経営戦略を採用した。そしてこのような方針は同業者内での価格競争力を落ち込ませないため、競合する他社へ広がっていった。のみならず他の業種へも浸透していった。こうして一九七〇年代以降、初めからアルバイト雇用を前提とする経営が増大していった。このような側面から授業期間中の経常的アルバイトへの転換、つまりアルバイトの日常化が加速されていった点も見逃せない。

シフト勤務の登場

さらに一九八六に始まるバブル経済時代に入ると、これらファストフードやファミレス、コンビニなどのチェーン店が二四時間営業を開始する。それにともないアルバイトのシフト勤務や深夜勤務が導入されるようになっていく。そしてそれらチェーン店の店舗拡大のみならず、チェーン店以外の店でもそのような勤務を採り入れることが一般化し、シフト勤務体制は広く定着していくことになる。

初めからアルバイト雇用を前提とする経営が登場するのは、一九七〇年代初めである。そのような経営体制のもとでは、アルバイトがいない空白の時間ができることは望ましくない。そこでその隙間をなくすための方策として、雇用側が編み出した労務管理体制がシフト勤務である。学生アルバイトは、バブル期にその管理体制のなかに組み込まれていくことになる。

アルバイト職種の変化

以上でみてきた変化にともなって、学生のアルバイト職種も大きく変容を遂げていくことになる。つまり、「従来の家庭教師中心の型から、サービス、販売、事務など第三次産業的職種中心型へと職種の重心が移っていったのである」（『昭和55年版アルバイト白書』）。

この点を、図11で確かめておこう。一九五一年度には学生のアルバイト職種は、家庭教師・塾講師三七・一％、事務一四・八％、軽労働一四・九％、重労働・危険作業九・〇％といった分布を描いていた。ところがその後、家庭教師・塾講師は五二年度に四四・五％

図11　アルバイト職種の変化

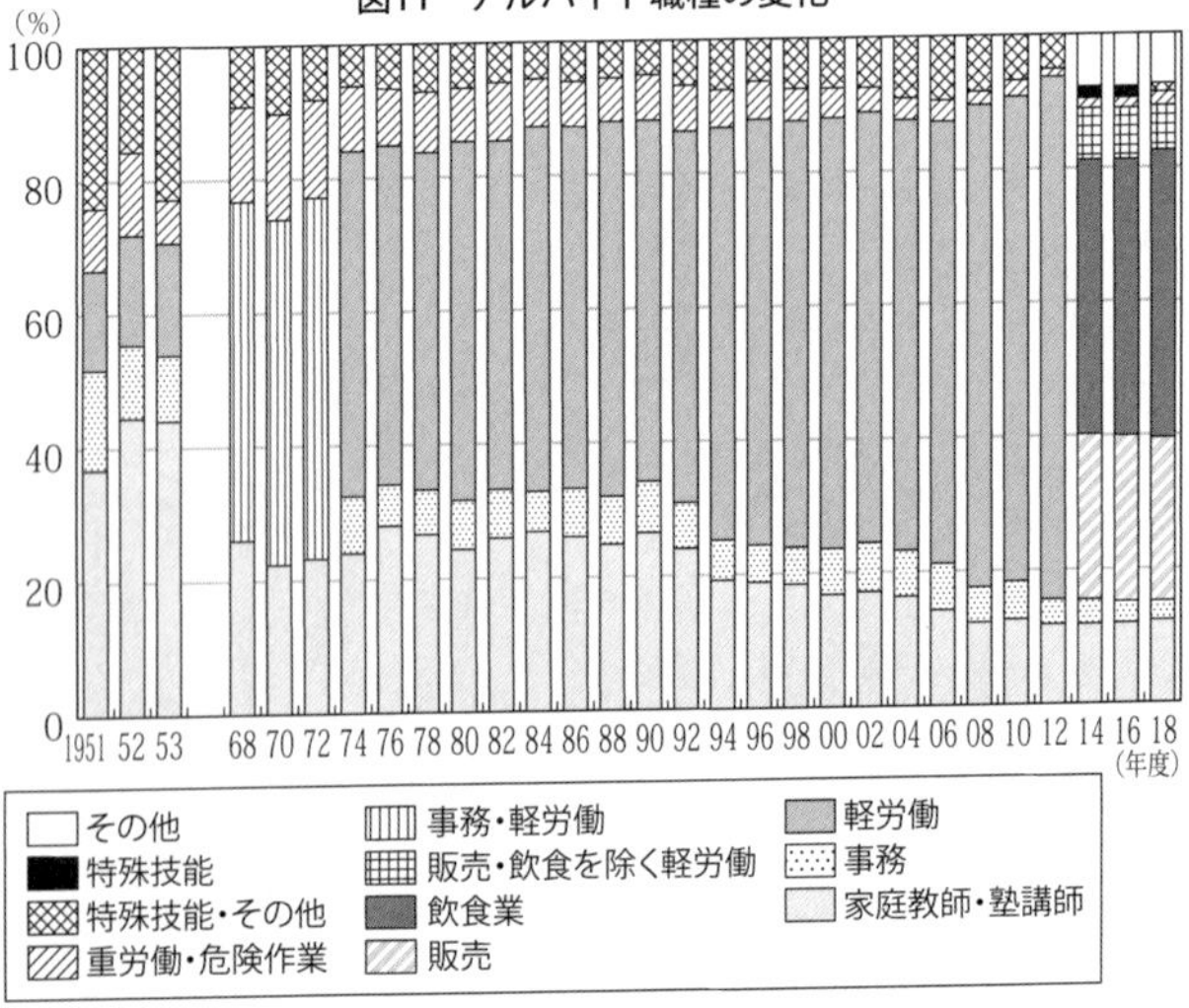

(『学生生活調査』より作成)

1　1951～53年度については、1998年度の分類に対応するように、再集計してある。なお、これら3年度の「労務」は、それ以外の年度の「重労働」に対応するものとして集計した。

2　「筆耕・翻訳」については、1951年度では「事務」に、それ以外の年度では「特殊技能・その他」に分類されている。

3　1968～72年度については、「事務」と「軽労働」とが、一緒に集計されている。

と最高値を記録して以降減少し、遅くとも六八年度までに二五％程度の水準に落ち着き、九〇年度まではほぼ横ばいで推移している。そしてその後ふたたび二〇〇八年度まで漸減し、それ以降は一二％水準に落ち着いている。同様に事務は、五三年度までに九・六％へと減少をみせた後、遅くとも七四年度以降は、七％前後の水準をほぼ維持している。また重労働・危険作業は、七四年度以降減少しつづけ、二〇一二年度以降にはついに二％を切るまでに落ち込んでいる。

これに対し一九五一年度以降、拡大をつづけてきたのが軽労働であり、五一年度にはわずか一四・九％にすぎなかったものが、七四年度までに五一・四％と過半数を超え、二〇〇八年度以降には七割を超え、なおも拡大をつづけている。

『学生生活調査』では二〇一四年度から、「軽労働」を「販売」「飲食業」「販売・飲食を除く軽労働」といった、三つの下位職種に分けた質問に変更された。それをもとに一八年度について軽労働の内訳をみると第一章に記したように、実に三分の二近くの学生が、販売、もしくは飲食業に従事しており、なかでも飲食業従事者は際立って多い。

一九五〇年代初頭には、当時もっとも学生にふさわしいアルバイト職種と考えられていた家庭教師・塾講師が、他の職種を圧倒していた。しかし遅くとも七四年にはその首位の座を、販売もしくは飲食業を中心とする軽労働にあけわたし、第二位に甘んじたまま今日にいたっていることがわかる。

職種をより詳細にみれば

一九七〇～二〇一〇年の期間に限られるものの、『生協調査』では表3に示したように、より詳細なアルバイト職種が報告されている。そこでそれをもとに図11の内訳を補っておこう。

まず家庭教師は、一九七〇年から八九年にかけては増加していたものが、この年をピークにその後は減少に転じている。それに対し、塾教師は八一年以降一貫して増加している。そして二〇〇六年からは塾教師が家庭教師を上回るようになっている。つまり二〇〇〇年代中頃から、家庭教師から塾教師への転換が進んだといえる。以上の結果、家庭教師と塾教師を合わせてみれば、一九七〇年には二九・〇%であったものが、九六年に四五・〇%

単位：%

1996年	2003年	2006年	2007年	2009年	2010年
30.9	24.9	17.4	14.4	12.2	12.2
14.1	16.7	20.6	19.1	22.1	22.7
-	-	6.1	3.2	2.6	1.9
-	-	1.2	5.7	2.6	2.4
7.7	8.4	6.4	5.5	3.7	3.7
-	-	11.9	12.6	10.4	9.9
-	-	47.9	50.5	48.6	47.5
-	-	8.8	8.8	9.6	9.5
4.3	-	1.3	1.2	0.8	1.0
-	-	10.4	8.0	3.4	3.7
13.0	-	-	-	-	-
2.5	-	-	-	-	-
12.9	-	-	-	-	-
-	-	1.9	1.8	1.3	1.1
11.4	-	-	-	-	-
22.0	-	-	-	-	-
2.6	-	1.1	1.9	0.8	1.0
5.7	-	-	-	-	-
-	-	1.0	1.2	1.1	1.3
-	-	-	-	-	-
3.9	-	-	-	-	-
2.5	-	-	-	-	-
1.9	-	-	-	-	-
-	-	0.5	0.5	0.3	0.3
-	-	3.1	2.6	1.4	1.3
-	-	0.2	0.2	0.2	0.3
-	-	1.6	1.5	2.1	1.9
8.8	-	1.4	5.6	1.9	1.6

6　1970・76年の「重労働」は、正確には「重労働・危険作業」。

7　2006年以降の「配送」は、「ドライバー・配送」。

8　2006年以降の「出版・マスコミ」は、「編集・制作・クリエーター」。

表3　より詳細なアルバイト職種の変化

	1970年	1976年	1981年	1983年	1986年	1989年	1993年
家庭教師	29.0	41.0	34.8	35.0	38.4	38.9	27.8
塾教師	-	-	6.9	8.8	10.6	13.0	11.7
採点	-	-	-	-	-	-	-
試験監督	-	-	-	-	-	-	-
一般事務	43.4	29.0	7.4	6.2	6.4	7.4	7.2
販売	-	-	-	-	-	-	-
接客・サービス	-	-	-	-	-	-	-
調理	-	-	-	-	-	-	-
配送(・ドライバー)	-	-	6.7	6.2	4.9	5.8	4.4
軽作業・清掃・警備	-	-	-	-	-	-	-
重労働	15.3	15.0	13.9	12.6	9.8	11.2	10.3
特殊技術	5.4	-	5.2	3.6	3.2	3.1	2.4
デパート・小売店	-	-	10.3	9.0	7.1	9.8	9.1
営業(販売)・セールス	-	-	-	4.4	-	-	-
ファストフード・コンビニ	-	-	-	3.1	3.9	5.5	6.6
飲食	-	-	13.4	11.3	10.0	13.2	16.2
出版・マスコミ	-	-	2.4	2.2	2.4	2.9	2.6
コーチ・警備員	-	-	-	7.0	5.3	6.4	4.2
スポーツインストラクター	-	-	-	-	-	-	-
調査・統計	-	-	-	4.4	3.7	0.3	-
ホテル・旅行業	-	-	-	2.4	2.3	2.8	2.7
コンパニオン・モデル	-	-	-	-	-	2.4	2.0
コンピュータ・ワープロ	-	-	-	-	-	1.9	1.1
エンジニア・プログラマー	-	-	-	-	-	-	-
データ入力・オペレーター	-	-	-	-	-	-	-
OAインストラクター	-	-	-	-	-	-	-
医療・看護・介護	-	-	-	-	-	-	-
その他	6.5	-	10.0	4.9	7.7	7.3	8.0

(全国大学生活協同組合連合会『学生の消費生活に関する実態調査報告書』より作成)

1　「アルバイト非従事者」と「無回答」を除いた数字を100%として計算。
2　1976年以前は、1つだけ選択。1981〜2007年は、2つ選択。2009年以降は、いくつでも選択。
3　1976年については、代表的な職種のみの記載で、他にどのような職種が選択肢に含まれていたのかは不明。
4　1970・76年の「家庭教師」の数字のなかには、「塾教師」を含む。
5　1970・76年の「一般事務」は、正確には「事務・軽作業」。

まで急増している。しかしこの年をピークにその後は『学生生活調査』と同様に減少に転じている。また一九七〇年以来、一般事務に減少がみられる点も『学生生活調査』と一致している。

一九八一〜九六年に関しては、IT関連を除き、より詳細な職種区分の集計がなされている。そのためとくにこの期間については、時代を反映してどのようなアルバイト職種が、新たに世間の注目を引く形で登場し、アンケート項目として追加されていったのかがわかり興味深い。

まず一九八三年からファストフード・コンビニが追加されている。そしてこの年にはその従事率は三・一%にすぎなかったものが、その後のチェーン店を中心とする店舗拡大を反映して、九六年には一一・四%と、最大の急成長株になっている。これがアルバイトの日常化に大きく貢献したことはいうまでもない。

アルバイト職種の大衆化

また一九八九年から「コンパニオン・モデル」と、「コンピュータ・ワープロ」が追加されている。「家庭教師＋塾教師」の従事比率が『学生生活調査』より高いことをみてもわかるとおり、『生協調査』のサンプル大学（大学生協連加盟の大学のなかから、協力校を募るという形をとっている）は、いわゆる伝統校が多く、入学難易度が相対的に高い大学に偏っている傾向がみられる。しかしそのような大学群をサンプルにとった調査でも、コンパニオン・モデルをアルバイトとする学生が出現し、ファストフードやコンビニエンストアで働く学生が増えてきたことこそ、この年度間の学生アルバイトの変化を端的に表しているものと思われる。

一九五三年の荒正人の嘆きを聞けば、そこには隔世の感がある。「モデルもむろん労働の一種であるから、本来ならとやかくいうべき筋合いのものではないが、現在においてはやはり女子学生がこのようなアルバイトをもしなくてはならぬとすればやはり一個の社会問題ではなかろうか。それは、金を稼ぐためなら、どんなことでもする、また、しなくてはならぬという状況の象徴として受け取るのである」。

第二章で指摘したように、高等教育（大学・短大・高等専門学校）への該当年齢人口（一八歳人口）に占める進学率は、一九五五年時点でも一〇・一％にすぎなかった。四年制大学に限ればその比率は七・九％とさらに少なくなる。日本で高等教育進学率が一五％を超え、マーチン・トロウによる高等教育の発展段階区分をもとにすれば、「エリート段階」から「マス（大衆化）段階」に移行するのは六三年のことになる。そして八九年時点の高等教育進学率は三六・四％にまで拡大している。四年制大学に限っても二四・六％に達しており、高等教育、そして四年制大学における大衆化の一層の進展は明らかである。そしてこのような大学生の大衆化にともない、アルバイト職種も大衆化・俗化したといえる。

第六章　バブル経済崩壊後におけるアルバイト

1　低経済成長時代における学生生活費収入源の変化

低経済成長時代の到来

日本の実質GDP（国内総生産）の変化を長期的なトレンドとしてみれば、ほぼ三つの時期に区分できる。

まず一九五六〜七三年度までの高度経済成長期には、単年度では六〜一二％の増減の変動がみられるものの、その変動をならせば年度平均で九％を上回る成長がみられた。この高度成長は、七三年一〇月に勃発した第四次中東戦争を引き金とする、第一次オイルショックによって終焉を迎え、七四年度には一転して前年度に比べ、一時的に〇・五％減のマイナス成長に転じる。しかし翌七五年度にはプラス成長に転じたのみならず、この年度から九〇年度までは単年度単位でみれば二・五〜六・五％幅の成長を確保していた。

ところが一九九一年三月からは、一九九〇年初めのバブル経済崩壊の影響が実際に現れ、景気が下降局面にむかう。そしてそれ以降、日本経済は安定成長期とも称される時代から低成長の時代に転換する。具体的にいえばこの年度以降、リーマンショックによる世界同時不況に襲われた二〇〇八年度のマイナス三・四％を筆頭に、成長が前年度に比べマイナスに転じた年度も六回におよび、二〇一九年度までの期間をとおしての年度平均でみれば、その成長率は一％を切っているのである。

第四～五章で触れたように、この低成長の時代のなかでも景気の変動は当然あり、アベノミクスの影響などで完全失業率や労働者の給与が上向きに転じた時期が存在する。しかしその変動はあくまで低成長の範囲内の出来事である。のみならずそのさなかにあって、次の年度には一転してマイナス成長を覚悟しなければならない事態さえしばしば起こる時代に突入したのである。それ以前の時代は、昨日（昨年）に比べて今日（今年）は、成長率こそ低くなったとしても、暮らしが上向きになることはあっても悪くなることはなかった。ところがバブル経済の崩壊をさかいに、今日（今年）は昨日（昨年）よりも、明日（来年）は今日（今年）よりも景気が悪くなることさえ覚悟しなければならなくなった。そのような意味で、これまで日本人が一九五六年度以降に経験したことのない時代に突入したといえる。

さてこれも第四章で触れたように、バブル経済崩壊による長期不況・低成長の影響がアルバイトを含む学生生活に明らかに及ぶのは一九九三年度以降のことになり、二年ほどタイムラグがある。本章では一九九三年度以降の時代を対象として、バブル崩壊後の低経済成長時代におけるアルバイト状況をみていくことにする。

家庭からの給付の減少と奨学金の増加

まず図12で一九九二年度以降の学生生活費収入額（年額）が収入源別にみた場合に、どのように変化したのかといった点からみてみよう。

第一に、家庭からの給付は、長期不況の時代に入っても二〇〇〇・〇二年度あたりまではまだ微増をつづけていた。しかしそれ以降は、一〇年度まではトレンドとしてみれば減少している。さらにその後も微減に近い横ばいをつづけている。

第二に、アルバイト収入については、二〇〇八年度が高ブレしているとみなせば、二〇〇〇～一〇年度にかけて減少している。

第三に、一九九四～二〇一二年度には、奨学金収入（日本学生支援機構以外の奨学金を含む）の拡大がみられる。とくにそれが二〇〇〇年度以降に急速に増大しているのは、一九九九年に行われた日本学生支援機構（JASSO）奨学金の制度改革の影響である。なお二〇〇四年の独立行政法人化にともない日本学生支援機構が発足するまでは、この奨学金の正式名称は日本育英会奨学金であった。

一九九八年の法改正により教育職就職者への返還免除制度（奨学金返還特別免除制度）が廃止され、学部生に対しては給付型の奨学金は完全に姿を消し、利用できるのは貸与奨学

図12　1992年度以降の学生生活費収入（年額）の推移

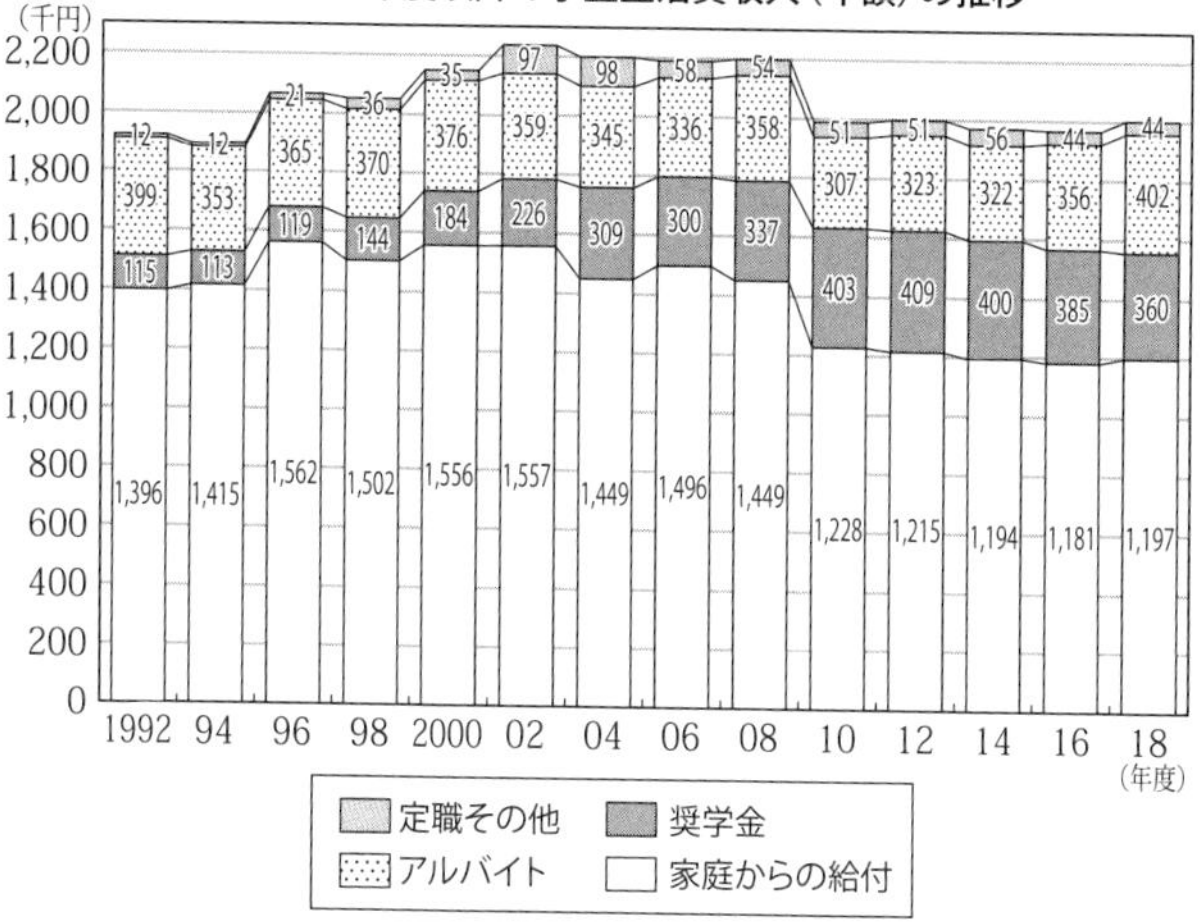

（『学生生活調査』より作成）

金のみになる。それに代わって、「一九九九年に、有利子貸与制度の貸与基準を引き下げることによって、希望者が利用しやすい制度（＝希望すれば利用できる制度）とする［と］ともに、貸与人数の量的拡大を図る制度改革が行われた（「きぼう21プラン」）」のである（白川、二〇一八a）。

いずれにせよ二〇〇〇・〇二～一二年度までの時期には、家庭からの給付やアルバイト収入が減少するなかで、必要な学生生活費を確保すべく、それら減少分の穴を埋めるために、奨学金が利用されてきたといえる。あるいは逆に、奨学金が拡充することによって家庭からの給付やアルバイトの負担が軽減した可能性もある。

図12の上端は学生生活費収入総額を表している。その推移に着目すると、一九九二～二〇〇二年度の期間、収入総額は基本的なトレンドとしては増加傾向にあった。その後〇二～〇八年度までは横ばいをつづけていたものの、リーマンショックによる世界同時不況の影響を受け一〇年度に大きく落ち込み、一〇～一八年度まで、その低い水準を抜け出せない形で横ばい状態にある。

二〇〇二～〇八年度には、家庭からの給付には減少がみられるにもかかわらず、学生生活費収入総額は横ばいを維持していた。一〇～一二年度についても同様の傾向がみられる。つまり〇二～一二年度の時期は、一定の学生生活費収入総額を維持するため、家庭からの給付の減少を補う分だけ学生たちが奨学金を借りた時期だったといえる。

苦学生の時代の再来

このように収入源として奨学金の利用が拡大したことは確かである。しかし、だとしてもそのことは、学生にとってアルバイトの必要性が減少したことを必ずしも意味しない。

第四章では「家庭からの給付がない」学生を含め、アルバイトをしなければ「修学継続困難」な学生を、「経済的にきわめて恵まれない状況におかれているがゆえに、アルバイトをせざるをえない学生」とみなして、これら学生の比率の推移をみてきた（93ページの

図2)。このような学生は、一九六八〜九二年度の期間は、一〇%前後の水準で横ばい状態にあった。しかし九四年度以降、基本的には増加をつづけ、二〇〇四年度には二〇%台に達し、その後はこの水準で横ばい状態をつづけていた。

のみならずこれも第四章で指摘したように、アルバイト従事学生を分母に再計算した比率でみれば、「家庭からの給付のみで修学可能」な学生、つまり経済的には必ずしも働く必要を感じていないアルバイト学生の比率は一九五三年度以降トレンドとしては増加しつづけ、その後一九九八〜二〇〇二年度まで減少に転じるものの、一九七四〜二〇〇〇年度までは依然過半数を超えていた。しかし〇二年度以降一二年度までは多くの年度で過半数を切っている。それがふたたび過半数に完全復帰するのは一四年度以降のことである。

終戦から一九五〇年代前半にかけての時期は、学費・生活費のためのアルバイトを中心とする、まさしく「苦学生」の時代であった。これが六〇年代に転機を迎え、経済的な必要性がないにもかかわらず行うアルバイトが主流を占めるようになる。こういった小遣い稼ぎのためのアルバイトは、バブル経済崩壊の影響が顕在化する前の九二年までは拡大の一途をたどる。それは長期不況のなかで縮小していったものの、二〇〇〇年度までは、小遣い稼ぎのためのアルバイトがいまだ優勢を維持していた。しかしついに〇二〜一二年度には、一九七二年度以前の時代に逆戻りすることになった。その意味でまさしく苦学生の時代が再来したといえる。

奨学金離れ

図12に戻って、アルバイト収入についてみれば、二〇一〇年度を底に一二～一四年度あたりから上昇に転じている。一六年度以降のその増加の一因は、時給の増加に求められることは、後述するとおりである。さらに第四章で指摘したとおり、一四年度以降はそれ以前の時期に比べ、授業期間中の経常的アルバイト従事率が急増していた。このように、一四年度を転機にアルバイトは活発化する。何が原因となって、アルバイトをめぐる状況が一変したのだろうか。

二〇一三年初め、日本弁護士連合会が開始した、奨学金返済問題に関する電話相談の内容が大きく報道された。それを契機に、日本学生支援機構（JASSO）奨学金の長期滞納者がいかなる苦境に陥る可能性があるのかといった報道が地方紙でも相次ぐことになる。その結果、この問題がそれまで以上に社会により広く知れわたるようになる。とくにそれによる影響を受け、遅くとも一四年度にはJASSO奨学金の貸与を避けたり、貸与を受ける場合でも貸与額を減らしたりするといった借り控え傾向が顕著になっていった。つまり「JASSO（貸与）奨学金離れ」とでも呼ぶことのできる現象が進展していったので

図13　奨学金受給率

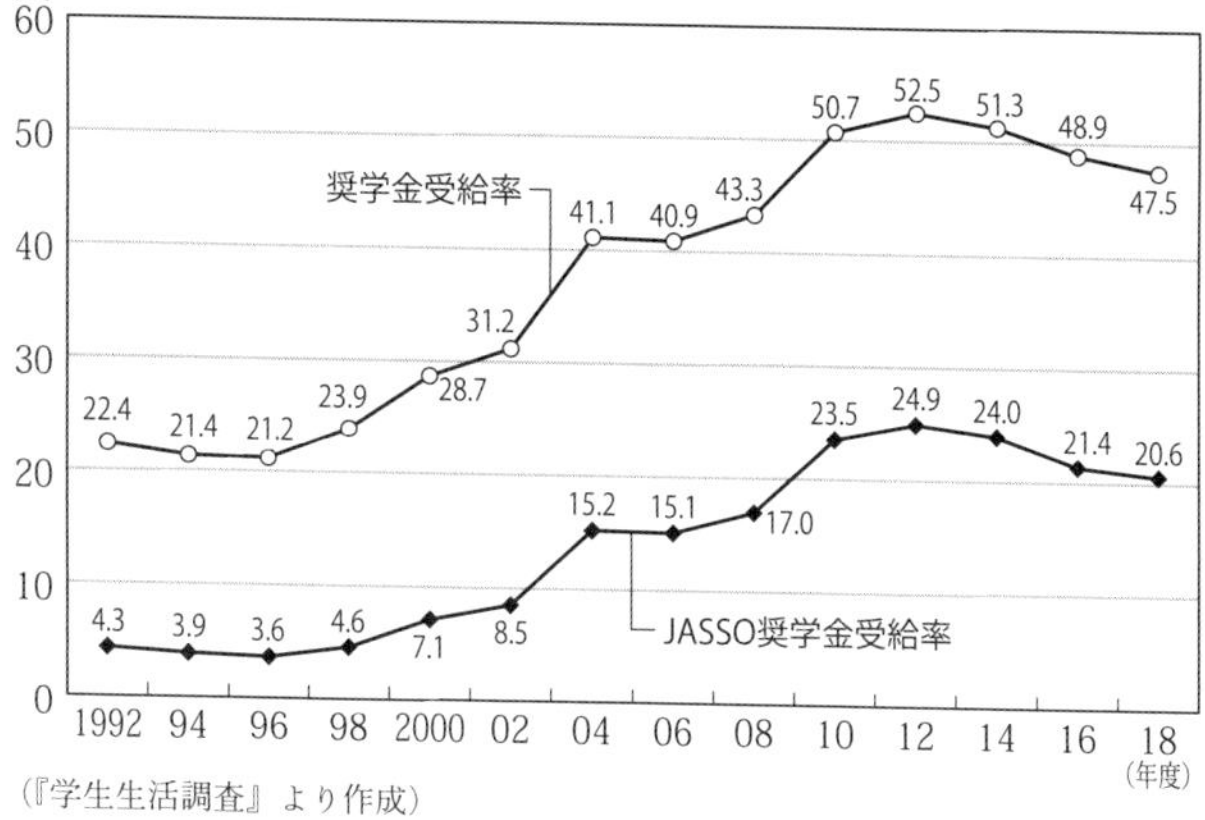

(『学生生活調査』より作成)

ある。

図12に戻って具体的にみれば、奨学金収入は二〇一二年度をピークに減少に転じている。一七年度には低所得者を対象にした給付奨学金制度が、先行実施される形で導入され、一八年度からは本格実施されることになった。しかしその給付奨学金を含めてさえ、奨学金収入は低下をつづけているのである。

このような奨学金離れは収入面にとどまらない。図13に示したように、JASSO奨学金受給率（JASSO奨学金の貸与を受けた学生の比率）は、一九九九年に有利子奨学金の貸与基準を引き下げることによって貸与者の量的拡大を図る「きぼう21プラン」の導入にともない、二〇〇〇年度以降、急増傾向をみせていた。それが一二年度をピークとして、遅くとも一四年度以降、減少に転じる。しかも一八年度には給付奨学金の受給者を含めてさえ、JASSO奨学金受給率はわずかとはいえさらに減少がつづいているのである。

なお図12の奨学金収入はJASSO以外の奨学金も含めたものであるので、それとの対比が可能なように、図13にはJASSO以外のものを含めた奨学金受給率も示しておいた。それをみれば、どの年度についてもJASSO奨学金受給率より約二五ポイント高い状態で、JASSO奨学金受給率と同じ推移をみせていることも確認できる。

国による給付奨学金制度が発足した現在でも、利用者の数からみても利用総額からみても依然として圧倒的規模を誇っているのは貸与奨学金である。そして利用者は、卒業後の負債を覚悟しなければならないことになる。この点を前提とすれば、学生が取る選択としては二つの戦略が考えられる。第一が、現在の勉学を犠牲にせざるをえないとしても、将来の負債を回避することを優先・選択するといった戦略である。第二が、貸与奨学金を利用して大学時代に勉学などに打ち込む時間を確保し、卒業後によい職業に就くことを、将来の負債以上に優先・選択するといった戦略である。学生の本分は何であるかといった議論をさておくとすれば、その将来像が異なるだけだといえる。

奨学金返済問題が騒がれだした二〇一四年度以降、学生のなかに第二の戦略から第一の戦略への転換が起こったといえる。

奨学金離れとアルバイト

家庭からの給付は、二〇一六年度から一八年度にかけて、ついに増加に転じる。しかしそれを除けば、奨学金収入が減少をつづけた一四～一八年度の期間は、家庭からの給付も減少しつづけた時期であった。その二つの収入源の減少分を、アルバイト収入によって補う傾向が強くなっていったことは、図12をみれば明らかである。

のみならず学生生活費収入総額も、二〇一〇年度以降つづいた減少傾向から抜け出し、一六年度から一八年度にかけて一転してついに増加に転じる。それが増加した要因をみれば、家庭からの給付もわずかに増えてはいるものの、アルバイト収入の増大こそがその主要な原因になっている。

こうしてみるとアルバイトは、奨学金収入への依存を弱める目的だけにとどまらず、学生生活費収入総額の増大をも目的として活発化したことになる。

ここで第五章の図9（119ページ）に戻って、バブル経済崩壊後の時期におけるアルバイト収入の推移をみておこう。

まず有額平均に関して多少のブレを度外視してトレンドとしてみていけば、一九九一年度から九二年度にかけて幾分減少した後、二〇〇二年度まではほぼ横ばいで推移している。

第四章の図3（100ページ）に関する解説で指摘したように、二〇一四年度におけるアルバイト従事率は、かなり低ブレしている可能性が高い。その点を勘案して一六年度のアルバイト従事率を援用して、一四年度のアルバイト収入の有額平均を推計すれば、その収入額は一六年度より低くなる。さらに図は割愛するものの、『生協調査』をもとに授業期間中のアルバイトについての有額平均をみると、二〇一四〜一五年を底に増加傾向に転じている。よってアルバイト収入の再増加は一六年度あたりに始まったとみなせる。

こうしてみると、二〇〇四年度から一四年度のアルバイト収入有額平均は、減少傾向にあったとみなせる。しかし一四年度を底に、その後一八年度までは増加に転じている。

二〇〇四〜一四年度におけるアルバイト収入（有額平均）の減少は、『学生生活調査』をもとに算出した数字をもとにすれば、アルバイト時間の縮小によるものと推測される。一方、二〇一六年度以降における上昇は、時給の増加が大きな要因になっている。一四〜一八年度間で、アルバイト職種構成はほとんど変化していない。それゆえ、時給の低いアルバイト職種から、時給の高いアルバイト職種へのシフトがみられるわけではない。しかし二〇一六〜一九年には、政府の要請にもとづき、最低賃金の毎年三%引き上げが行われた。これに加えて人手不足による賃金上昇も加わり、『学生生活調査』のデータをもとにした推計結果によれば、この時期にはどの職種でも大幅な時給の増加が観察されるのである。

アルバイト収入額の実額平均も、有額平均の推移とほとんど同じ動きをしている。一九九四〜二〇一〇年度まで有額平均に比べて実額平均のグラフの低下の傾き具合が大きいのは、この時期にアルバイト従事率が低下した影響の現れである。

つまり一九九四〜二〇一四年度の期間は、景気動向の悪化を反映して、アルバイトをする学生が縮小したのみならず、アルバイト時間の短縮にともないアルバイト収入の有額平均も低下した時期であった。逆に二〇一六〜一八年度は景気動向の好転を反映して、アルバイトをする学生が拡大したのみならず、アルバイト時給の増加を受け、アルバイト収入の有額平均も増大した時期であったといえる。

バブル経済崩壊後の遊び関連経費の推移とアルバイトの目的

ここでも第五章の図6（114ページ）に戻って、バブル経済崩壊後の時期における遊び関連経費の推移をみておこう。

図6からわかるように、一九九二年度をピークとして娯楽し好費への支出は、バブル経済崩壊の影響を受け、「失われた一〇年時代」とも呼ばれる大不況の時代には減少に転じる。

その後二〇〇二〜〇八年には、日本は戦後最長の景気上昇を迎えるものの、経済学者の山家悠紀夫の言葉を借りれば、それは「実感なき景気拡大」と呼ばれるものにすぎなかった。のみならず、それ以降も二〇〇八年にはリーマンショックによる世界同時不況、二〇一一年には東日本大震災に見舞われ、景気低迷からの脱出は遅れる。

国税庁『民間給与実態統計調査結果』をもとに家計状況をみると、民間企業サラリーマンの一年勤続者（一年を通じて勤務した給与所得者）の賞与・手当を含む給与年収は、リーマンショックの影響をもろに受けた二〇〇九年の落ち込みが例外的に大きかったとみなせば、一九九七年以降、二〇一二年までは、基本的には低下傾向にあった。ただしこの年を底に、その後は一七年まで増加に転じる。

しかし給与が増加し始めた矢先の二〇一四年、五％から八％へ消費税が増税され、消費が大きく冷え込む。以上のような影響を受けた結果、一九九四～二〇一四年度をとおして、図6の娯楽し好費は縮小をつづけている。それがようやく増加に転じるのが二〇一六年度からである（同様に図7に示した『生協調査』からも、『学生生活調査』の娯楽し好費に相当する「教養娯楽費」は一五年以降、増加に転じていることが確かめられる）。サークル費用を中心とする課外活動費についても、一九九四年度以降、多少の起伏はみられるものの、トレンドとしては二〇一四年度まで減少傾向がみられる。そしてこの年度を底に横ばいに転じる。つまり課外活動費も増加に向かう気配がないという点では、娯楽し好費とほぼ同じ推移をたどっている。

ここまでみてきたような動向のもとで、何を購入するためにアルバイトをするかといっ

図14　アルバイトの目的

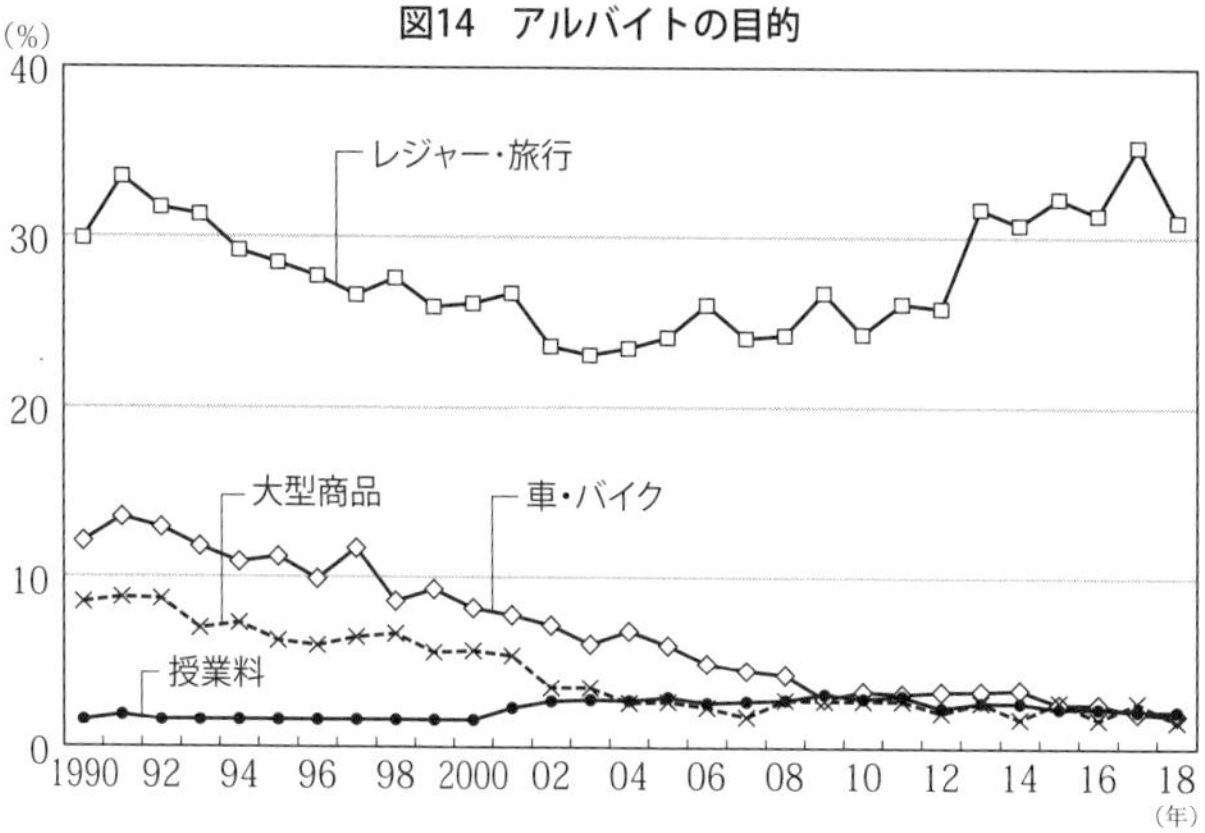

(全国大学生活協同組合連合会『学生の消費生活に関する実態調査報告書』より作成)

1　選択肢の中から2つの費目を選択。
2　主要な費目のみを図示。

たアルバイト目的も大きく変化する。第一章で述べたように、二〇〇〇年代中頃以降に大学生になった世代は、バブル経済崩壊後の長期不況の時代しか知らない世代である。「嫌消費」世代、あるいは「さとり世代」と呼ばれるこの世代は、たとえば若者の「車離れ」・「海外旅行離れ」という言葉などに典型的に表れているように、大型消費を避ける傾向が顕著にみられるという。

図14の結果をもとにすれば、「レジャー・旅行」については、二〇一三年から一七年にかけてはジグザグを繰り返しながらも上昇し、一三年以降をとおして一九九〇年代初めの時期と同水準の三〇%に復帰する。しかし二〇〇二〜一二年の

横ばいとみなせる期間を含め、遅くとも一二年までは減少傾向をみせている。また、「車・バイク」、「大型商品」などの大型消費を避ける傾向は、現在までつづいている。「授業料」を充填《じゅうてん》する目的のアルバイトについてもみておけば、一九九〇～二〇〇〇年のあいだは一・六％の水準で横ばいをつづけていたが、〇一～一一年には増加をみせる。この時期は、先に「苦学生の時代の再来」と呼んだ時期（〇二～一二年度）と一致する。そしてその後は二・二～二・七％水準で横ばい、もしくは微減状態に落ち着いている。しかし一九九〇～二〇〇〇年の時期に比べれば、いまだ高い水準にあることは重要である。〇一～一一年の時期よりは多少状況は改善したとはいえ、まだ「平成の苦学生の時代」は解消されていないとみなせるからである。

2 ブラックバイトの出現

雇用する側の都合からみたアルバイト

第五章でみてきたように、①一九七〇年代以降、初めからアルバイト雇用を前提とする経営、つまり「積極的アルバイト雇用」が浸透し、②一九八六年以降のバブル経済期からはとくに深夜勤務の導入に合わせて、より効率的に運用するための労務管理方式としてシフト勤務体制が定着していく。アルバイトにおけるこれらの変化はいずれも雇用する側、つまり経営側の都合・論理にもとづくものである。

①によるアルバイト供給の増加は、学生のなかで高まっていったアルバイト需要に、結果として応えるものであった。しかもこの時期はバブル経済崩壊後の低成長時代と異なり、人手不足状態のもとで就職戦線はいまだ学生側の売り手市場であり、アルバイトという不安定就労が増加したからといって、正規雇用（正社員）のポストが減ることはなかった。つまりアルバイトの拡大が就職状況に影響を及ぼすこともなかったのである。それゆえ①の浸透は、雇用する側の都合によるものであったとしても、バブル崩壊前の時代までは、学生側にとってもむしろ歓迎されるべきものであった。

また②の深夜勤務についていえば、学生が望まないのにその時間帯に勤務を強制されることがなければ、時給の高いこの時間帯にこそさまざまな事情で働きたいと希望する学生、あるいはより長いアルバイト時間、およびそれにともなう収入増を望む学生にとっては、その需要を満たすものであった。またシフト勤務についても、学生の都合をまったく考慮せず、望まない日時に労働を強要されることがなければ、安定した雇用・収入を望む学生にとってはむしろ好ましいものであった。

学生の勤務態度がいい加減であるのは仕方がないとされた時代

実際、シフト勤務の導入によってアルバイトも労務管理体制に組み込まれるようになったとはいえ、労働問題などに取り組むＮＰＯ・ＰＯＳＳＥの代表である今野《こんの》晴貴《はるき》によれば、それがアルバイト学生を圧迫することは一九九〇年代まではなかった。

その裏付けとして今野は、一九八八年に行われた「大都市労働市場における雇用形態の多様化の実態――学生アルバイト等の有効活用に関する実態調査」の結果を紹介している。まず事業主からみた場合の『学生』や主婦の活用上の問題点として」、「自分の都合を優先させる」、「契約にかかわらず簡単に辞める」、「長く勤めてくれない」、「欠勤・休みが多い」、「責任感が乏しい」などの点が指摘されている。ただしそのような「学生の都合」への対応としては、「勤務日・勤務時間を希望に合わせる」、「能力や勤続によって賃金を高く」が上位を占め、「仕事の意味をよく理解させる」や「責任ある仕事につける」は比較的少数にとどまっている。以上の結果をもとに、「使用者の都合に学生が一方的に順応させられるケースは稀《まれ》であったと考えられる。学生は自分の都合を優先しがちで、むしろ職場はそれを受け止めていた」と結論付けている。つまりルーズなのは学生の特性なので仕方がないと諦めるだけの余裕が、この時期までの企業・雇用者にはあったことになる。

経営者の余裕喪失と企業側の買い手市場となったアルバイト雇用

しかしバブル経済崩壊以後、日本は長期のデフレ状態に陥ることになる。さらにグローバル化も影響し、商品やサービスの価格を抑えるために、経営者は人件費抑制という強力な圧力にさらされるなかで余裕を失っていく。そしてその圧力の矛先は正社員にとどまらず、アルバイトにも及んでいくことになる。人件費抑制の効率を高めようとする場合には、パートタイム労働に常勤の正社員なみの責任をともなう仕事の一部を担わせた方がよい（このような戦略を労働経済学者の上西充子他の論考では、非正規雇用の「基幹［社員］化」と呼んでいる）。また、たとえば深夜勤務を含めてシフトに穴があかないよう徹底することなどが、これまで以上に必要になる。こうしてアルバイトに対しても、労務管理体制は強化されていった。

ただし雇用者側が労務管理体制の強化を図ろうとしても、アルバイト労働市場が学生側の売り手市場で、転職できるアルバイト求人が数多くあればその強化は難しい。なぜなら労務管理体制に不満が生じた場合には、その職場を辞めて他のアルバイトを探せばよいだけだからである。これに対し、企業側の買い手市場の場合には、いったん辞めてしまうと

図15　有効求人倍率の推移

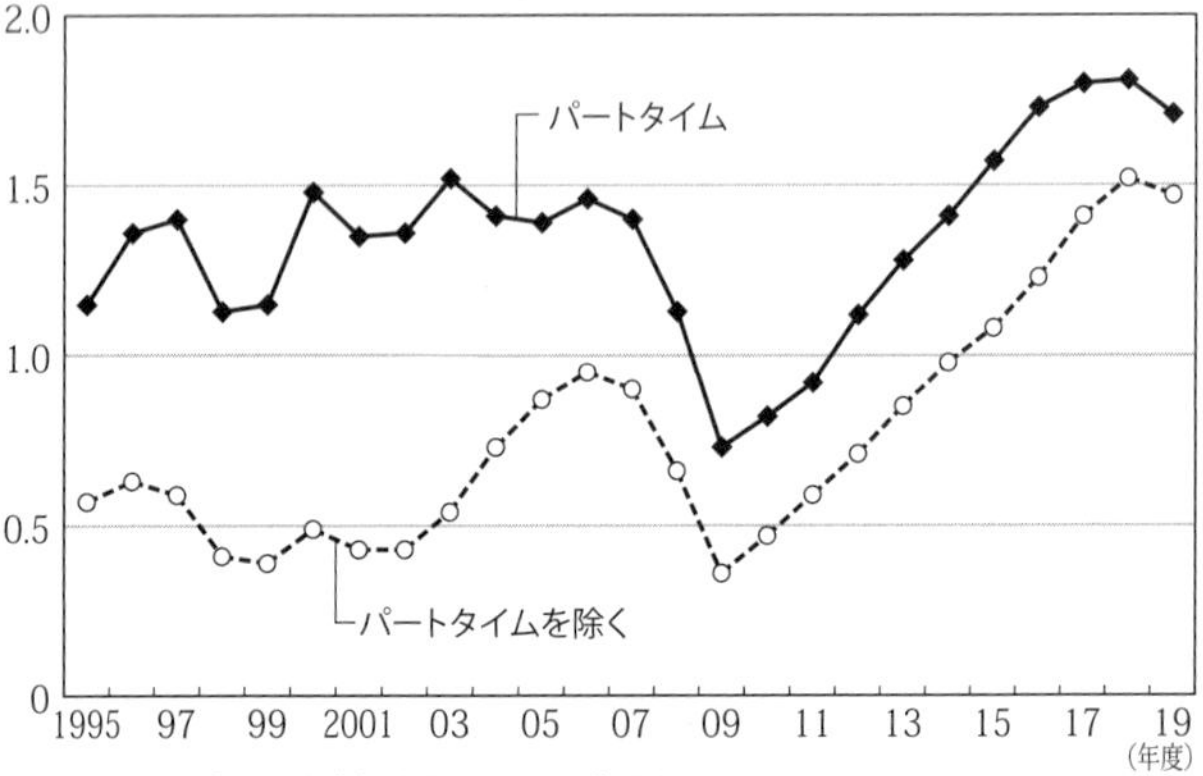

（厚生労働省「一般職業紹介状況」より作成）

次のアルバイトをみつけることは困難になるため学生は今の仕事を辞めづらくなる。それゆえ、企業・雇用者の力が強くなり、労務管理体制の強化を図ることは容易になる。

図15は、有効求人倍率の推移を示したものである。有効求人倍率とは、①「仕事を探している人」に対して、②「企業が出している求人数」が何倍になるかを示したものである。その倍率が高いほど、①より②の方が多いので仕事がみつけやすいことを表している。逆にその倍率が低いほど、仕事がみつけにくいということを表している。とくにそれが一倍に満たない場合は、求人者すべてに仕事が行きわたらないために、仕事に就くことを諦めざるをえない人が出ることを表している。

図15をみれば明らかなように、アルバイトを

中心とするパートタイム雇用の有効求人倍率は二〇〇〇〜〇七年はほぼ横ばいで推移していたものが、〇八年のリーマンショックによる世界同時不況の影響を受け、大きく減少に転じる。それは〇九年に底を打ち、その後一八年までは上昇に転じるものの、一・五倍を上回り、二〇〇〇〜〇七年の時期の水準にまで回復をみせるのは、一五年になってからのことであった。とくに〇九〜一一年は一・〇倍にさえ達していなかった。

このように、二〇〇八〜一〇年代中頃まではアルバイト労働市場は企業側の買い手市場であった。そのことは授業期間中のアルバイト従事率からも裏付けられる。図5（105ページ）からわかるように、その比率は〇五〜〇七年には増加傾向にあったものが、〇七年をピークとして〇八〜〇九年までは減少をつづけている。その後一一年まで下げ止まり状態がつづいた後には上昇に転じるものの、〇七年のピーク時の比率の水準にまで回復するのは、一〇年代中頃になってからである。

この二〇〇〇年代後半〜一〇年代中頃における企業側の買い手市場だった時代に、労務管理体制は一躍強化されていったものと推測される。

ブラックバイトとは

このような状況が進展していくなかで、労働法規を逸脱するほどの労務管理が横行し、社会問題化したものが「ブラックバイト」である。

「ブラックバイト」とは、上西充子他や今野晴貴の定義によれば、「学生であるということを尊重しない」アルバイト、あるいは「学生を使い潰《つぶ》す」アルバイトのことである。この言葉を最初に用いたのは、教育社会学者の大内裕和《ひろかず》である。彼は二〇一三年に学生アルバイトの実状調査を行い、その雇用状況のあまりにもひどいあり様を「発見」し、「ブラック企業」からの連想でこの言葉を思いついたという。

それはさておき、ここではまず次の点だけ指摘しておかなければならない。ブラックバイトにしろブラック企業という言葉にせよ、これらの用語の「ブラック」という言葉は、好ましくないというニュアンスで使用されている。このような使い方の例は他にもある。たとえば「白馬の騎士」（ホワイトナイト）とは、敵対的買収を受けた企業に対して友好的な支援をしてくれる企業・人の呼称である。一方、ブラックメールとは脅迫・恐喝・ゆすりを指す。また日本語独自の言い回しとしても、無実・無罪の場合を「白」、有罪の場合を「黒」と呼ぶ。このように「ホワイト」という言葉は美しい・正しいので好ましいという意味で、一方、「ブラック」という言葉は好ましくないというニュアンスを含んで、使用される場合がしばしばある。こういった色による意味の使い分けが、人種差別、とくに黒人差別を助長してきた要因の一つになっているとの批判が、最近ではとくに「黒人の命を守れ（ブラックライブズマター：Black Lives Matter）」運動のなかで、高まりをみせた。

そのような文脈のなかでブラックバイトの「ブラック」についても、同様の批判が寄せられている。それを勘案すれば、「ブラックバイト」という用語は倫理的には使用を避ける方がよいことは確実である。たとえば「ダークバイト」、「ハラスメントバイト」、「地獄バイト」などとでも呼ぶのがよいかもしれない。ただしブラックバイトという言葉が広く定着し、それに代わる用語もまだ出てきていない点を勘案して、好ましくない言葉である点は重々承知の上で、本書ではブラックバイトという言葉をそのまま使うことにする。

ブラックバイトの具体的事例

さて今野晴貴は『ブラックバイト』という著書のなかで、ブラックバイトの特徴は、Ⓐ「学生の『戦力化』」、Ⓑ「安く従順な労働力」、Ⓒ「一度入ると、辞められない」、の三つに分類できると指摘している。以下、Ⓐ〜Ⓒそれぞれについて、大内裕和・今野晴貴共著『ブラックバイト』や、雑誌『POSSE』の「特集 塾とブラックバイト」なども参考にしながら、具体的な事例を挙げておこう。

Ⓐは別の言い方をすれば、パートタイムでありながら常勤の正社員なみの責任を押し付けられるなど、学生が量的にも質的にも重い責任を負わされることである。具体例を以下

に列記しておこう。
①前日や当日の緊急の呼び出し。
②授業や試験などの都合を考慮しないシフトの強要。
③長時間労働、深夜勤務、遠距離へのヘルプ。
④「バイトリーダー」として、社員や同僚アルバイトたちからの業務上の緊急トラブルへの、勤務時間外における電話対応、シフト調整や新人バイトへの教育などの管理責任体制への組み込み、などである。
②について補足しておけば、アルバイトを休むときには、「自分で交代要員を見つけねばならず……試験期間中は学生アルバイトがそれぞれ『落とせない科目』と『捨てる科目』を決めて、試験を優先させる日と、試験よりアルバイトを優先させる日を調整して何とか対処してい」る場合さえ存在するという。
Ⓑは労働法上、明らかに違法な行為となるケースである。具体例としては、以下のような行為が該当する。
⑤準備や片付け時間に対する賃金や残業代などの一部賃金の不払い。
⑥販売・営業ノルマや自腹購入を強要するような圧力、罰金。自腹購入とは、ノルマを達成できなかった場合に自腹で商品を購入する「自爆」行為、およびアパレル店舗で制服

として店の商品を買わされるといった商売道具の自腹購入などがある。また罰金とは、レジの精算で誤差が発生した場合に、その差額を支払わせたりするなど、業務上の失敗に対する金銭的ペナルティのことである。

Ⓒは、⑦学生の責任感を利用したり、契約違反・損害賠償などを持ち出したり、脅迫・暴力を使ったりして、「辞めたいと思っても、上下関係や暴力を利用して、辞めさせてもらえない」状況に追い込まれることである。

ブラックバイトの事例について手軽に知識を得たい方には、あさいもとゆき他『マンガほんとに怖いブラックバイト――大学に通うためにバイトしているのに、バイトのせいで大学に通えない件』（二〇一四年）という本も出版されているので、紹介しておきたい。

ブラックバイトはいつ頃、顕著な現象として出現したのか

ブラックバイトに関する論考やマスコミ報道が頻出したのは、二〇一四～一五年にかけてである。しかし一六年以降にはあまり騒がれなくなる。それの一因は、もちろん一四～一五年のマスコミ報道などをとおして、ブラックバイト問題が広く知れわたるようになり、学生がそれを回避するようになったことに求められる。しかし経済的な理由でどうしてもアルバイトを継続しなければならない学生にとっては、先に指摘したように転職先がなけ

ればブラックバイトとわかっていてもそこで働きつづけざるをえない。それはアルバイトこそが生きがいになって、生活から切り離せなくなっている学生などの場合も同様である。ただ、図15をみればわかるように、アルバイトを中心とするパートタイム雇用の有効求人倍率は、二〇一五年に一・五倍を超えた後も上昇しつづけ、一八年には一・八一倍にまで拡大する。その拡大を受けて、第四章の図3や図5からもわかるように、授業期間中のアルバイト従事率は一六年度以降に急増する。このようにアルバイト労働市場が学生側の売り手市場の様相を強めるなかで、ブラックバイトは淘汰《とうた》されていった。

逆の言い方をすると、アルバイト労働市場が企業側の買い手市場に傾いたことこそが、ブラックバイトが出現した要因の一つであったといえる。ブラックバイトがいつ頃から顕著な現象として立ち現れたのかについての検討はだれも行っていない（一九九〇年代以前にはブラックバイトはまだ存在しなかったという今野の指摘はある）。ただ、ここまでの議論を踏まえれば、その出現は企業側の買い手市場となった二〇〇〇年代後半だったものと推測される。

ブラックバイトをもたらした学生側の要因

ここまではブラックバイトが出現した原因のなかでも、雇用者・経営者側の要因、およびアルバイト労働市場の要因についてみてきた。しかしそれが出現した原因としては、とくに一九九〇年代あたりから顕著になっていったいくつかの学生側の変化も見逃すことはできない。具体的にいえば、①社会経験を積むためのアルバイトの増加、②大学生のまじめ化・従順化、③学費・生活費を捻出するためのアルバイトの増加、④大学のユニバーサル化、などである。これら四つの要因について、以下、順に検討していこう。

社会経験を積むためのアルバイトの増加

教育社会学者の大島真夫《まさお》によれば、学生がアルバイトをする目的として「社会勉強のため」という理由は、一九九五年までは四〇%台前半にとどまり、四番目の理由にすぎなかった。しかしその後急激に増加し、九〇年代後半から五〇%を超えるようになり、「外食・普段の小遣いのため」に次いで第二の理由にのしあがっていった。

社会経験・社会勉強のためのアルバイトとは、働くということを就職の前に経験してみる機会、さらにそれをとおして目上の人や客に対する（敬語を含めた）言葉づかいに代表される接し方、時間厳守など、社会人になってから必要になるマナーなどの学習の場としてのアルバイトという意味である。

一九九〇年代後半からこのような社会経験・社会勉強のためのアルバイトが増加したの

は、つぎのような要因による。

ⓐ大学進学率の上昇にともなう「大学の大衆化」によって、従来なら大卒者向けであった職業だけでは、大卒者を吸収できなくなった。そこからあぶれた大卒者は、それまで高卒向けであった職業に就かざるをえない。高卒向け職業に対する大卒者による学歴代替と呼ばれるこのような現象は、高卒程度の知識でも十分やっていけると考えられていた卸小売・飲食店を中心とするサービス業で起こった。その結果、「アルバイト先で接する社会人は自分の未来の姿に近いものであり、アルバイトで身につけるスキルは将来、正社員として働くにあたって役立ちうる一方、「大学の」授業に直接的な意義を見いだせなくなってしまった」(高木、二〇〇〇)。

ⓑ一九九〇年代以降、企業の採用選考方針において「筆記試験の重要性が相対的に減少し、エントリーシートの導入や面接重視の方向へと」急激に変化していった。しかも九三年以降に進行した「大就職難の中で他人より少しでも有利になるために、大学時代の体験を一つ増やす手段としてアルバイトを位置づけるようになった」(武内編、二〇〇三)。

このように社会勉強のためのアルバイトが大々的に拡大するなかで、上西充子他によれば「バイトからの学び」という意識をもとにして、学生は「例えば接客の仕事からコミュニケーション能力や就活に役立つかもしれないものを得られると積極的に思っているわけです。そのように自ら学習の一環としてブラックな職場に入っていき、修行みたいなかたちで厳しくてもやるという気持ちが生じている」という。

のみならず大内裕和は、「学生たちは大学在学中に『職場というのは無法地帯である』という『常識』を刷り込まれてしまい、アルバイト経験がブラック企業へ自ら馴致《じゅんち》する［だんだん慣らしていく］という役割を果たしてしまっている」と指摘している。

この指摘を敷衍《ふえん》すれば、就職してから働くのは大変なことだという話をよく聞くなかで、アルバイトで今体験しているのと同じ苦労を就職後にもきっと経験するはずだ、だからそれを乗り切るための修行・訓練としてどんなアルバイト業務にも耐えなければならない、それこそが社会経験・社会勉強としてのアルバイトの意義である、そういった意識をもつ学生が少なくないとすれば、そのような意識がブラックバイトのはびこる温床となった可能性は高い。

大学生のまじめ化・従順化

大学生が自分のことを「学生」ではなく「生徒」と呼ぶ現象も、最近では当たり前になってきた。学力の高い学生が集まる伝統的な大学ですらそうである。これは単に言葉だけの問題ではなく、たとえば高校までの「学校」と同じく「大学」の授業も義務であると考えて出席するなど、心性としても大学を高校までの延長として捉える大学生が一九九〇年代以降増加してきた。いわゆる「学生の生徒化」と呼ばれる現象の進行である（岩田、二〇一五）。その現象の一貫として、まじめで「大人に従順な大学生が増えている」という（武内、二〇一四）。

そしてその「まじめさ」や「従順さ」ゆえに、多くの学生はたとえばシフトに穴をあけると他の人に迷惑をかけてしまうのではと責任を感じてしまう。そのような「学生の『まじめさ』や『従順さ』を利用して」というよりは、つけ込む形でブラックバイトは出現したと、今野晴貴は指摘している。先ほど述べたような「社会経験を積むため」というアルバイト目的から派生する、「修行」的というより「苦行」的とさえ呼べそうな行為も、そもそもが学生のまじめさに起因しているといえよう。

学費・生活費を捻出するためのアルバイトの増加

バブル崩壊後に日本は長期不況の時代に突入し、その影響を受け、一九九四年度以降、学費・生活費のためといった経済的理由によるアルバイトが増加していった。とくに二〇〇二～一二年度にはアルバイト学生のうち、経済的理由のためにアルバイトをする学生が過半数を超え、一九七二年度以来の「苦学生」の時代の再来をみることになった点については、先に指摘しておいたとおりである。

これら「苦学生」はどんな悪条件であれ、学生生活を維持するためにアルバイトを辞めるわけにはいかない。その弱みにつけ込んで労働法上の違法性さえ省みず、無理難題を押しつける形でブラックバイトが横行したわけである。

大学のユニバーサル化

高等教育進学率が五〇％を超える段階は、先のトロウの研究によれば「ユニバーサル段階」と呼ばれる。それより前の段階は、高等教育進学者は少数派であるがゆえに、エリートとしてその後の経歴が有利になるという特権にあずかることのできる可能性が高かった。これに対しユニバーサル段階では、高等教育進学者の方が非進学者より多数派になるがゆえに、高等教育への進学によってそのようなエリート的特権にあずかれるかどうかはわからないものの、進学しなければ不利になるような段階といってよい。

日本において該当年齢人口（一八歳人口）に占める高等教育（大学・短大・高等専門学校）進学率が五〇％を超えるのは、二〇〇四年のことである。四年制大学に限ればユニバーサル段階への突入は、二〇〇九年のことになる。

一九五五年時点における一八歳人口に占める高等教育（大学・短大・高等専門学校）への進学率は、一〇・一％にすぎなかった。この数字をもとにすれば、戦前期における高等教育（旧制大学、旧制専門学校、旧制高等学校、高等師範学校、師範学校）進学者、ましてや大学進学者は、きわめて希少なエリートであったことはいわずもがなである。大学卒業生がいかに偉い存在であったかという点については、当時その評価として「末は博士か大臣か」、「学士様ならお嫁にやろか」という言葉がささやかれたことからもわかる。

その後、とくに戦後になって高等教育進学率は急速に上昇していき、そのエリート性はしだいに薄れていった。四年制大学についても同様である。だとしてもそれらがユニバーサル段階に達する前の段階までは、まだ少数派であったという意味でかろうじて希少性を保っていたがゆえに、社会的には大学生に対する敬意は少しなりとも残存していた。しかし四年制大学進学者が多数派になるユニバーサル段階に突入すると、大学生は偉いエリートではなくどこにでもいる普通の人になってしまい、敬意が払われることもなくなってしまった。

こういった形での学生への敬意の喪失が、「学生であるということを尊重しない」アルバイトである「ブラックバイト」を出現させる一因になったと考えられる。

3　外国人留学生アルバイト

二〇〇〇年代以降における学生アルバイトの変化として挙げておかなければならないのは、外国人留学生アルバイトの増加である。飲食店やコンビニエンスストアなどの売り場で外国人アルバイターの姿をみかけることは、いまやありふれた風景になっている。それらのアルバイターのすべてが日本の教育機関で学ぶ留学生であるわけではない。だとしても、そのなかには留学生も数多く含まれている。そこでここでは、それら外国人留学生のアルバイトについて、いくつかの数字を挙げてみていこう。

なお正式には留学とは高等教育機関への在学を指し、日本語学校などへの在学は就学と呼ばれる。ただしここでは、以下、就学を含めて留学と称する。

留学生一〇万人計画

一九八三年、中曽根康弘首相の指示により「二十一世紀への留学生政策懇談会」が設けられ、同年中にその報告書となる「二十一世紀への留学生政策に関する提言」が発表された。八三年度当時の外国人留学生の数はまだ一万四二八人にすぎず、欧米主要先進国と比べてきわめて低い水準にとどまっていた。そこでとくに開発途上国の人材育成を中心とする国際貢献などを推進するため、二一世紀初頭までに留学生の受け入れを一〇万人にまで増加させることが計画された。

その計画を受け、外国人留学生数（日本語学校就学生を含む）は一九八三年度以降緩やかに増加し（図16）、九三年度には五万人を超える。しかしもともとこの計画にともなう予算措置はほとんど採られず、留学費用を私費で賄う留学生の増加を目指すものであったこともあり、九三年度以降、留学生は五万人の水準で横ばい状態をつづけ、伸び悩んだ。

ところが二〇〇〇年代に入ると、中国における高等教育進学熱の高まりに対し、中国国内での十分な受け皿が整備されていなかったこともあり、地理的に近いのみならず漢字文化圏である日本へと、高等教育留学を目指す中国人学生がとくに急増した。それが大きな追い風となり、〇三年度にはついに外国人留学生数は一〇万人を超えることになった。そしてその後も〇五年度までは順調にその数を増加させていった。

留学生受け入れの抑制期

ただしこのような留学生の増加にともない、就労目的で留学しにくる学生が社会問題化した。さらに二〇〇一年末には、山形県の酒田短期大学で中国人留学生の大量行方不明事件が発覚した。この事件をもとに、定員割れを補うために、日本で高等教育を受けるだけの十分な準備ができていない大量の外国人留学生を入学させ、在籍管理も杜撰《ずさん》な大学が存在することも、問題として浮かびあがってきた。

図16　外国人留学生数とそのなかでアルバイトをしている学生の数

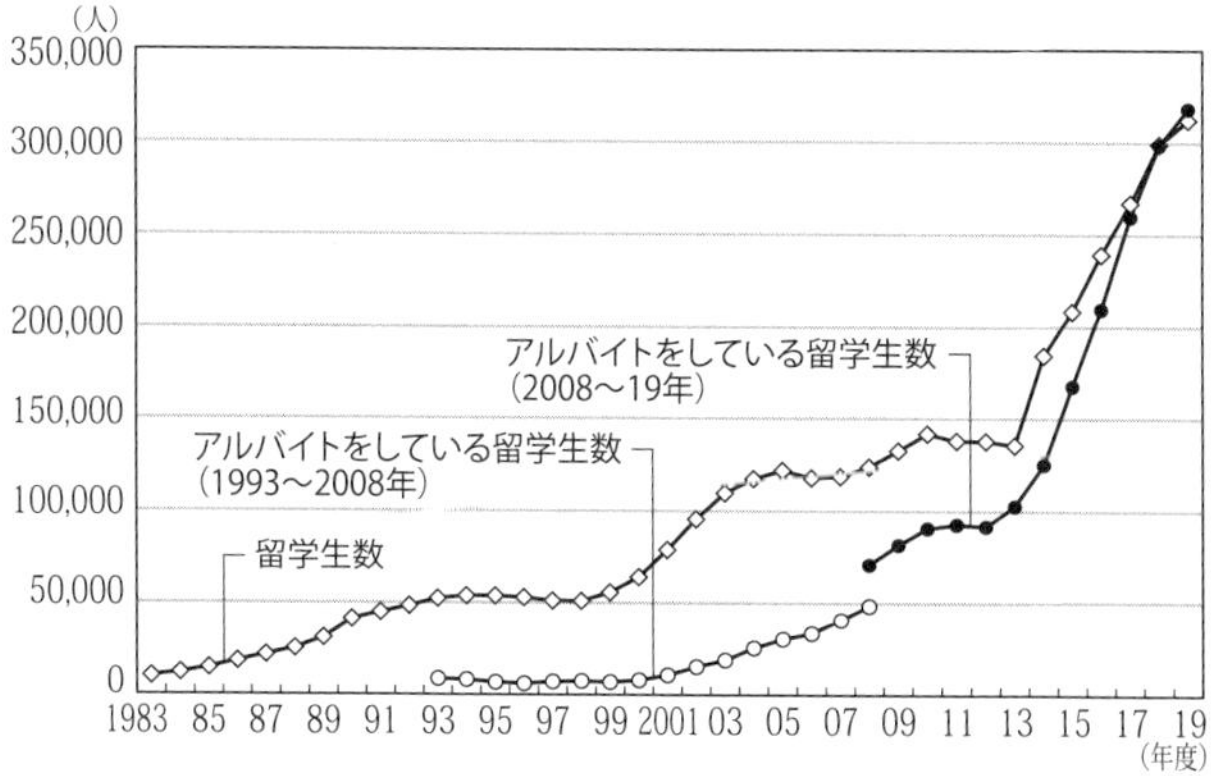

1 (a)　留学生数（日本語学校就学生を含む）については、日本学生支援機構『外国人留学生在籍状況調査』より作成（2003年以前は文部科学省が実施）。
(b)　アルバイトをしている留学生数については、厚生労働省『「外国人雇用状況」の「届け出状況」』のなかの、「留学」・「就学」等の在留資格で在留する外国人がアルバイトをするために「資格外活動許可」を受けた件数をもとに作成。事業所単位での集計のため、2つ以上の仕事をかけもちしている場合には、重複してカウントされることになる。

2　2007年10月から、事業者に対し雇用・離職に関する届け出が義務化された。2007年10月1日時点で現に雇い入れている外国人労働者については、経過措置として、2008年10月1日までに届け出ることとなっている。そこで2008～19年のグラフの数字は、いずれも10月1日時点での人数であり、届け出上は漏れのない数字。一方、1993～2008年のグラフの数字は、いずれも6月末時点の数字であり、届け出がなされていない雇用が存在する。

このような事態に対処するため、二〇〇三年一一月には法務省が、不法残留者のとくに多く発生している国・地域については、日本語教育機関に新規入学する学生へのビザ発給を厳格化し、預貯金残高の証明書類の提示などを義務付けた。

それと歩調を合わせる形で、文部科学省の中央教育審議会も同年一二月、「新たな留学生政策の展開について」という答申を出している。そこでは大学に対し志願者の留学目的と経費の支払い能力の確認を行うのみならず、入学後にも徹底した在籍管理と成績指導を行い、留学生の質を確保していくことが求められた。

それらの影響が顕在化し、二〇〇五〜〇七年までは、外国人留学生数は一二・二万人の手前の水準で停滞をみせた。

留学生三〇万人計画

しかしグローバル化の進展がめざましい時代にあって国際競争力を確保するために、高度人材予備軍として大学院・企業への優秀な外国人人材の受け入れ拡大が、日本の大きな課題として認識されるようになった。このような問題意識にもとづき、福田康夫首相のもとで、二〇〇八年に外国人留学生の増加がふたたび目指されることになる。それが「留学生三〇万人計画」である。この年に出された「『留学生30万人計画』骨子」は、文部科学省・外務省・法務省・厚生労働省・経済産業省・国土交通省の六省の連名であった。

この計画により外国人留学生数は二〇〇八〜一〇年までふたたび増加に転じる。しかし一一年には東日本大震災によって福島第一原子力発電所事故が発生し、それにともなう放射能汚染の危険を回避するため、多くの留学生は帰国した。のみならず新たな留学生が日本に来ることもなくなった。このため一三年まで中国人留学生を中心としてその数は減少した。

ただし、中国人留学生の減少の穴を埋める形で、ベトナムとネパールからの留学生が、とくに日本語学校や専門学校（専門課程）を中心に急増したことも一因となり、二〇一四年から外国人留学生は再度大きな増加をみせる。

アルバイトをしている留学生の数

図16には、アルバイトをしている外国人留学生の数についても図示しておいた。この数は正確には、「留学」・「就学」などの在留資格で在留する外国人が、アルバイトをするために「資格外活動許可」を受けた件数である。件数は事業所単位での集計になるため、二つ以上の仕事をかけもちしている場合には、重複してカウントされることになる。二〇一九年のアルバイトをしている留学生数が、外国人留学生総数を上回っているのは、そのためであると考えられる。

アルバイトをしている留学生の数は、①二〇〇〇年代に始まった増加が二〇一〇年までつづいたものの、②その後一二年まで横ばい状態に陥る。しかし③一三年以降には急増をみせている。

図17　在籍段階別にみたアルバイトを行っている外国人留学生の比率（2017年度）

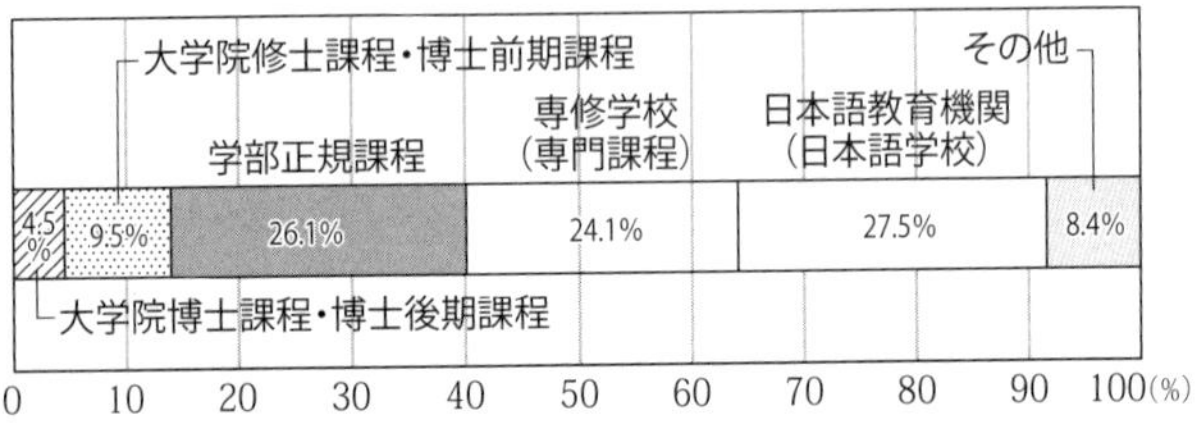

（日本学生支援機構『平成29年度 私費外国人留学生生活実態調査』より作成）

その他の内訳は、専門職大学院課程（0.7%）、大学院レベルの研究生（0.7%）、学部レベルの研究生・聴講生（1.0%）、短期大学（0.8%）、準備教育課程（1.0%）、その他（4.1%）。

③の増加の開始時期が前項でみたのより一年早いことを除けば、その動向は留学生総数の推移とほぼ一致している。つまり①・③の時期におけるアルバイトをしている留学生の数の増加は、留学生総数の拡大に対応するものであった。

ただし③の時期についてみれば、二〇一四年以降、留学生総数の増え方を上回る勢いでアルバイトをしている留学生数が増加している。このような現象が起こった原因として最初に考えられるのは、アルバイト従事率の上昇である。しかし〇九年以降のアルバイト従事率は、後述する『私費外国人留学生生活実態調査』の数値をもとにすれば、上下〇・八%の振れ幅で七五%前後に落ち着いており、横ばい状態にある。よってこの時期におけるアルバイトをしている留学生数の急増は、①先に指摘したような二つ以上の仕事をかけもちする留学生が増加したことと、

②留学生総数の拡大が相まってもたらされたことになる。

在籍段階別のアルバイト学生数

留学生のアルバイトに関しては、私費留学生に対象を限った調査ではあるものの、日本学生支援機構による『私費外国人留学生生活実態調査』がある。この調査は二〇〇五年度から隔年で行われ、本章執筆段階で公表されている最新の調査は一七年度である（ただしその後、二〇一九年度版が出されている）。以下、ここでは一七年度調査を利用して、外国人留学生のアルバイト事情についてみていくことにしよう。

まずこの調査の数字をもとにすれば、図17に示したように、アルバイトを行っている外国人留学生のうち、学部正規課程学生、専修学校（専門課程）、日本語教育機関（日本語学校）留学生がそれぞれ約四分の一を占めている。さらに大学院レベル（大学院博士課程・博士後期課程、大学院修士課程・博士前期課程、専門職大学院課程、大学院レベルの研究生）の外国人留学生も一五％程度いることがわかる。

日本人学部生と比べた場合の留学生のアルバイト従事率・アルバイト時間

つぎにこのうち大学院レベルを除く在籍段階別に、留学生のアルバイト従事率、アルバ

アルバイト収入（2017年度）

授業期間中の週当たり平均アルバイト時間（実額平均）B	平均時給（単純平均）C	アルバイト学生に限ったアルバイト収入月額（有額平均）D=C×A÷7(日)×30(日)	アルバイト収入月額（実額平均）E=C×B÷7(日)×30(日)
13.5時間	1,021円	79,000円	59,000円
15.8時間	1,002円	82,000円	68,000円
18.4時間	894円	81,000円	70,000円
18.6時間	1,010円	92,000円	81,000円
10.1時間	1,072円	89,000円	46,000円
15.9時間	1,072円	96,000円	73,000円
9.3時間			

イト収入が年額をベースとするデータになっていることである。単純に考えれば、月額＝年額÷12ヵ月で換算が可能であるようにみえる。しかし、たとえばアルバイトを３カ月間休職した場合には、正確な月額を算出するためには、実際にアルバイトを行った９ヵ月という月数で、年額を割る必要がある。にもかかわらず、12カ月という月数で割ることになるため、その分だけ月額は少なく算出されてしまうのである。このような事態は、12カ月間休みなくアルバイトをした学生だけを取り出して計算すれば、避けることができる。しかし、12カ月間休みなくアルバイトをした学生は、『学生生活調査』の調査票からは判別できない。よって、日本人学部生のアルバイト収入額・時給を、参考データとして留学生と比較することは不可能であるので、表４には表示しないことにした。

なお、表に示した留学生のアルバイト収入についても、幾分問題が存在することを指摘しておきたい。『私費外国人留学生生活実態調査』では、在籍段階別のアルバイト収入月額（実額平均）は記載されていない。そこで、実額平均・有額平均とも、アルバイト収入月額＝平均時給（単純平均）×アルバイト時間、で推計せざるをえなかった。しかし、加重平均ではなく、単純平均を用いるこの推計方法では、正確な平均アルバイト収入額は算出できない。たとえば時給が高いアルバイトに就いている学生ほど、アルバイト時間が短い傾向が存在する場合には、この方法で推計した平均アルバイト収入は、実際の平均アルバイト収入より高く算出されてしまう。逆に、時給が高いアルバイトに就いている学生ほど、アルバイト時間が長い傾向がある場合には、この方法で推計した平均アルバイト収入は、実際の平均アルバイト収入より低く算出されてしまうことになるからである。

表４　在籍段階別アルバイト従事率、アルバイト時間、平均時給、

			授業期間中の経常的アルバイト従事率	アルバイト学生に限った週当たりの平均アルバイト時間（有額平均）A
留学生	高等教育機関	学部正規課程学生	74.4%	18.1時間
		学部レベル研究生・聴講生	82.4%	19.2時間
		短期大学	87.5%	21.1時間
		専修学校（専門課程）	87.1%	21.3時間
		準備教育課程	52.4%	19.3時間
	日本語教育機関（日本語学校）		76.4%	20.8時間
日本人学部生			68.9%	13.3時間

（留学生の数値については、日本学生支援機構『平成29年度 私費外国人留学生生活実態調査』より作成。日本人学部生については、『平成28年度 学生生活調査』の数字）

1　留学生調査におけるアルバイト従事率は、「現在、アルバイトをしていますか」という問いに対し、「はい」と答えた学生の比率である。この質問文に対して、不定期な形で臨時のアルバイトを最近行った学生は、「いいえ」と答える可能性は高いと推測される。よって、留学生調査におけるアルバイト従事率は、基本的には「授業期間中の経常的アルバイト」従事率とみなせるものと判断した。

2　留学生のアルバイト時間については、(1)「５時間未満」、(2)「５～10時間未満」、(3)「10～15時間未満」、(4)「15～20時間未満」、(5)「20～25時間未満」、(6)「25時間以上」、の６つの選択肢を用いた質問になっている。そこで、(1)～(5)に関してはその範囲の中間値を、(6)に関しては27.5時間を割り当てて平均を計算。

3　留学生のアルバイト時給については、(1)「800円未満」、(2)「800～1000円未満」、(3)「1000～1200円未満」、(4)「1200～1400円未満」、(5)「1400～1600円未満」、(6)「1600～1800円未満」、(7)「1800～2000円未満」、(8)「2000円以上」、の８つの選択肢を用いた質問になっている。そこで、(1)～(7)に関してはその範囲の中間値を、(8)に関しては2100円を割り当てて平均を計算。

4　日本人学部生のアルバイト時間については、(1)「0時間」、(2)「1-5時間」、(3)「6-10時間」、(4)「11-15時間」、(5)「16-20時間」、(6)「21-25時間」、(7)「26-30時間」、(8)「31時間以上」、の８つの選択肢を用いた質問になっている。そこで、(1)～(7)に関してはその範囲の中間値を、(8)に関しては33時間を割り当てて平均を計算。

5　日本人学部生のアルバイト時間は、「最近１週間（７日間）」に関する数値である。留学生のアルバイト時間についても、ほぼ同様とみなせる。よって、アルバイト時間に関しては、そのまま単純に比較することが可能である。しかし、アルバイト収入月額については、そう簡単ではない。問題は、日本人学部生のアルバイト時間、平均時給、アルバイト収入について表4でみていこう。なお準備教育課程とは、日本の高等学校に対応する教育課程を外国で修了し、日本の大学に進学することを目的とする留学生に対し、日本語教育を含めて、大学入学に必要とされる教科についての教育を行う教育課程であり、高等教育レベルの在籍段階に含まれる。

表4には比較のため日本人学部学生の数値も示しておいた。授業期間中のアルバイト従事率は、準備教育課程を例外として、圧倒的に留学生の方が高い。のみならずアルバイトをしている学生のみを取り出した場合、週当たりの平均アルバイト時間も四・八時間以上、留学生の方が長い。このように日本人学部生に比べてアルバイトをしている外国人留学生は多い。のみならず彼らはより長時間働いている。

ただしアルバイトに従事する理由をみると、「日本での生活を維持するために必要だから」七〇・三%、「日本人との交流等の良い機会になるから」二〇・九%であり、「教養・娯楽等にあてる費用を得るため」五・八%はきわめて少ない（大学院レベルの学生を含めた数字しか公表されていないので、それをもとにした数字）。

外国人留学生のアルバイトは「資格外活動」になり、それは週二八時間以内、長期休暇中は一日八時間以内に制限されている。その上限を超えると違法就労になってしまう。よってあえてその上限を超える回答をする留学生はいないにちがいない。またこの調査は大学・学校に出席している学生・生徒しか対象にしていない。違法就労をしている留学生には、大学・学校に出席していない学生・生徒が多いと思われる。そういった留学生も含めると、現実には実態としてのアルバイト時間はより長くなると思われる。同様に前述のアルバイト理由についても、割り引いて考えた方がよいと思われる。

在籍段階別アルバイト従事率、アルバイト時間

つぎに在籍段階別に、外国人留学生のアルバイト従事形態の特徴をみていこう。アルバイト従事率については、準備教育課程を除けば、学部正規課程学生がもっとも低く、短期大学、専修学校（専門課程）で高い。同様に、アルバイトをしている学生のみを取り出した場合のアルバイト時間も、学部正規課程学生でもっとも低く、短期大学、専修学校（専門課程）で高い。日本語教育機関（日本語学校）留学生は、アルバイト従事率は低いものの、有額平均でみた場合のアルバイト時間は長い。こうしてみると、留学生のなかで人数的にも時間的にももっともアルバイトをしているのは短期大学、専修学校（専門課程）留学生であり、もっともアルバイトをしていないのは学部正規課程学生であることになる。

「学部レベル研究生・聴講生」は、学部正規課程学生と短期大学、専修学校（専門課程）留学生の中間のアルバイト従事形態をとっている。学部研究生コース、つまり学部レベル

研究生・聴講生が、出稼ぎ目的の「偽装留学生」受け入れの抜け道として利用されているとの指摘もある。事実、二〇一九年には、東京福祉大学の学部研究生などの留学生約一六〇〇人が所在不明になっていることが発覚し、社会問題化した事件は記憶に新しいだろう。しかしそのような傾向は、先に述べたような理由で違法就労が実態として把握しにくい調査になっているためもあり、表には出ていない。

アルバイト職種、平均時給、アルバイト収入

それでは留学生はどのようなアルバイト職種に就いているのだろうか。

それについては『私費外国人留学生生活実態調査』では、大学院レベルの在籍段階を含めた留学生全体の集計しか掲載されていない。さらに三つの職種まで答えてよい複数回答形式の質問になっている。これらの点に注意して従事率をみていくと、圧倒的多数を占めるのが「飲食業」四一・九%と「営業・販売（コンビニ等）」二八・九%である。これら以外の職種の従事率は最高でも七%に達しない。このようにみれば、日本人学部生と同様、飲食業やコンビニなどの営業・販売といった軽労働がいかに高い比重を占めているかは明らかである。

つぎに時給についてみると、短期大学で外国人留学生の時給が低いのは、地方を所在地

とする大学が多いためと考えられる。それ以外の学校はきわめて多くが東京を中心とする大都市圏近郊に立地している。そこで二〇一七年の東京都の最低賃金九五八円をもとにすれば、表4から判断する限り、最低賃金すれすれの状態で働いている留学生の多いことが浮かびあがってくる。その一因になっているのは、従事職種として飲食業やコンビニなどの営業・販売が多いことにあるにちがいない。

そして一ヵ月平均のアルバイト収入（有額平均）をみると、学部正規課程学生は七・九万円なのに対し、専修学校（専門課程）留学生は九・二万円、日本語教育機関（日本語学校）留学生にいたっては九・六万円を稼いでいることもわかる。

マスコミが取り上げる外国人留学生のアルバイトについては、偽装留学生に対する報道が中心になっている。そのため外国人留学生のアルバイトといえば、われわれは偽装留学生のケースを思い浮かべがちである。しかし、それは第二章で述べた「情報化新人類の場合」と同様に、特異であるがゆえに、ニュースになっていることを忘れてはいけない。ここまでに示してきた数字をみる限り、確かに留学生の多くは、日本人学部生に比べればアルバイト時間は長い。しかしそれを行う主要な目的はあくまで、日本での生活を維持するためのものである。しかも最低賃金すれすれの労働条件のアルバイトに従事する場合が大部であることを考えれば、その目的を達成するためには、この時給単価の安さを補うために、アルバイト時間は長くならざるをえないだろう。のみならずアルバイトが長めであるといっても、留学生の多くは、定められた法定労働時間を順守していることも忘れてはならない。こうしてみると、苦学しているといってよいだろう。このような苦学留学生の方が恐らく多数派であることを、認識しておくべきだと思われる。

4　新型コロナウイルス禍のもとでのアルバイト

コロナ禍と学生生活

二〇二〇年以降には、学生生活は一変することになった。二〇一九年一二月下旬に発生した新型コロナウイルス感染症（COVID－19）は世界に広がり、多くの国で都市封鎖（ロックダウン）や移動制限が実施された。日本でもほとんどの大学では感染防止のため、二〇二〇年度前期については対面授業を避け、すべての授業をオンライン形式で行う方針を採った。そのため学生たちがキャンパスライフをまったく経験できないという、惨憺《さんたん》たる学生生活を強いられたことは周知の事実である。アルバイトもまたコロナ禍によって大きな影響を受けたことはいうまでもない。

アルバイトに対するコロナ禍の影響

二〇二〇年四月七日、東京都、埼玉県、千葉県、神奈川県、大阪府、兵庫県、福岡県の七都府県に対し緊急事態宣言が発出され、不要不急の外出、夜間の外出の自粛などが要請された。それにともないこれらの都府県を中心に、生活必需品・サービスを提供する店舗以外の商業施設に対して休業要請がなされた。そして五月二五日に政府が緊急事態宣言解除を行うまでは、とくに飲食業では多くの店舗は営業を自粛し、休業に踏み切る店舗も少なくなかった。よって多くのアルバイトも休業を余儀なくされた。のみならず不要不急の外出を避ける傾向の増加とともに、とくに飲食業では旅行・宿泊業などとならんで客足が激減した。そして客の減少は「新たな日常《ニューノーマル》」となり、緊急事態宣言解除後も大幅に回復することはなかった。学生アルバイトの四割以上は飲食業従事者であった。それも大きな要因になって、二〇二〇年の学生のアルバイト従事率やアルバイト収入は大幅に低下した。『生協調査』でみれば、一〇〜一一月におけるアルバイト従事率は、一九年では六九・七％であった。それが二〇年には五九・四％へと減少がみられる。春から一〇〜一一月までの半年のあいだにアルバイトに従事した学生の比率でみても、一九年の八三・九％から二〇年には七二・四%へと減少している。どちらでみても、一〇ポイント以上の低下がみられるのである。また、一〇〜一一月時点のアルバイト収入についても、一九年には三万六四五〇円であったものが、二〇年には三万一一一〇円へと、月額にして五〇〇〇円以上の減少がみられるのである。

アルバイト収入に対する影響

ちなみに速報版としては、全国大学生活協同組合連合会が、四月・五月・七月の三回にわたって、「緊急! 大学生・院生向けアンケート」を行っている。これら三回のうち五月・七月調査では、コロナ禍前とのアルバイト状況の違いについての質問がなされている。その集計結果を図示したものが、図18である。

ここに示されている数値については、注意が必要である。たとえば図中①の五月時点での二五・九%という値は、コロナ禍前にアルバイトをしていた学生を分母とした数字ではない。だから実際にどの程度の学生がアルバイトがなくなった影響を受けて、①のような状況に陥ったのかはわからない。これは①〜③の五月・七月の数字にも、共通する難点である。しかし①+②+③の合計は五月と七月でほぼ等しい。そこで①+②+③をコロナ禍前にアルバイトをしていた学生、①+②はコロナ禍前に比べて収入が減った学生、③は収入

図18　アルバイトに対するコロナ禍の影響

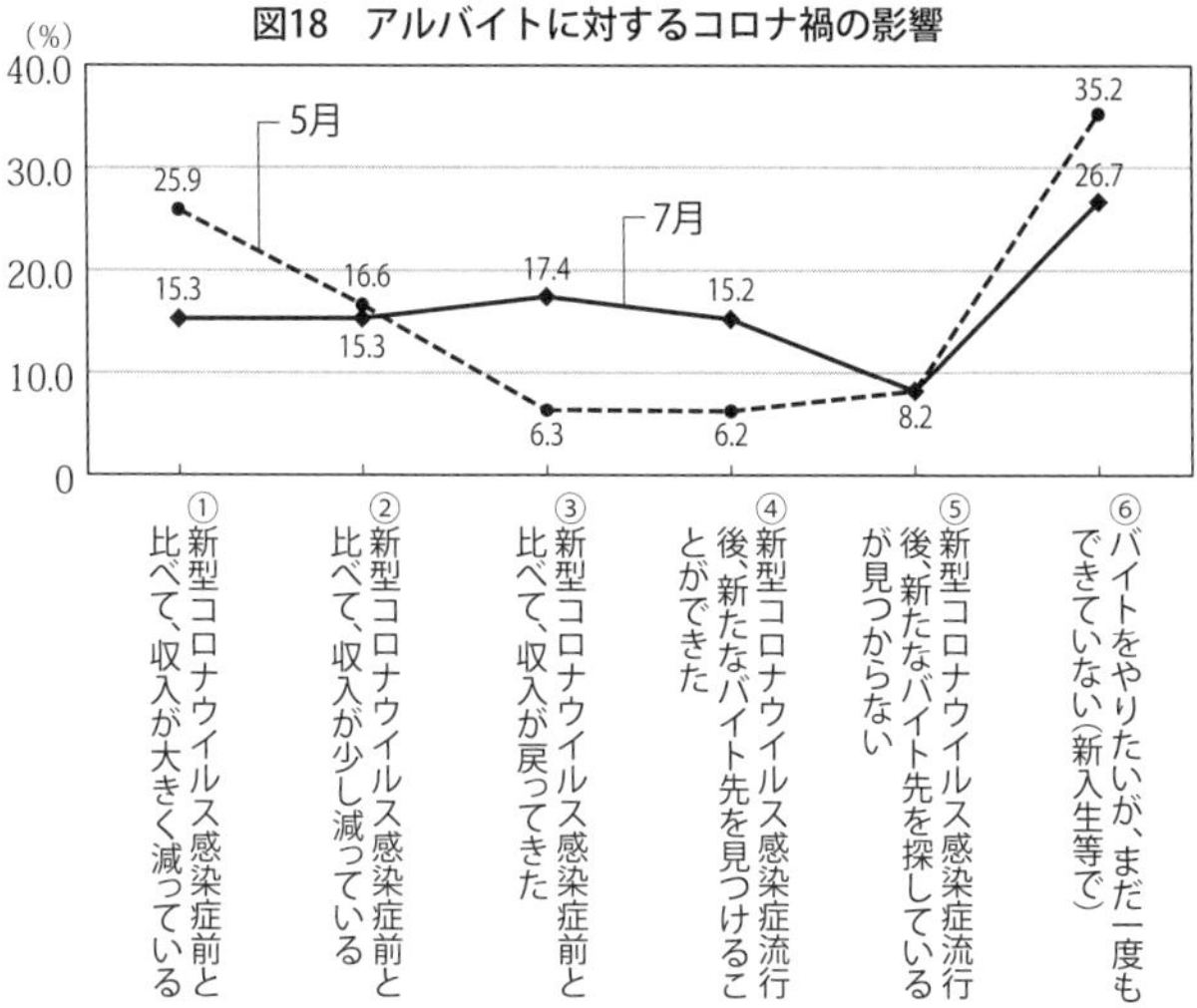

（全国大学生活協同組合連合会「新型コロナウイルス対策特設サイト #with コロナ」の「緊急！ 大学生・院生向けアンケート」５月版および７月版、https://www.univcoop.or.jp/covid19/recruitment_thr/index.html より作成）

※複数回答可

に変化がなかった学生とみなし、①＋②＋③を分母にして①＋②の学生の比率を求めることにした。その比率をみると、五月には八七・〇％と九割近くの学生がコロナ禍前に比べてアルバイト収入の減少を経験していた。七月にはその比率はかなりの改善をみせたものの、六三・八％の学生はいまだコロナ禍前より低い収入に甘んじざるをえない状況におかれていることになる。

アルバイト探しに対する影響

同様に、④はコロナ禍後に新たなアルバイト先をみつけることができた学生、⑤＋⑥はまだ見つけることのできていない学生とみなし、④＋⑤＋⑥を分母にして④の比率を求めることにした。その比率をみると、新たなアルバイト先を見つけることができた学生の比率は、五月段階では一二・五％にすぎなかったものが、七月段階では四六・八％にまで上昇している。しかし、アルバイトを探しているにもかかわらずまだ仕事先を確保できていない学生は、⑤＋⑥の合計で五割を超えていることになる。

苦学生に対する影響

アルバイト収入の大幅な減少によって学生生活にもっとも深刻な影響を受けるのは、学費・生活費を確保するためにアルバイトをせざるをえない学生、つまり『学生生活調査』の分類でいえば家庭からの給付なし、家庭からの給付のみでは修学継続困難および修学不自由なアルバイト学生である。これらの学生の場合、アルバイトという重要な収入源となる手段の喪失によって学生生活の継続が困難になり、最悪の場合は退学にいたる事態さえ出てくることは、複数のニュースやインターネットの記事でも報道された。しかし現段階ではまだ十分定量的な調査がなされているとはいえない。本書では現時点でえられるデータをもとにした、以上の指摘だけにとどめておくことにする。

第七章　学生アルバイトの現代的課題

1　雇用・労働としての側面からみたアルバイト

労務管理強化の流れ

ここまで、とくに戦後期を中心として、戦前期を含めて現在にいたるまでの日本における学生アルバイトの変遷をみてきた。その締めくくりとしてここで最後に、それらの総括を行っておこう。

学生アルバイトは、第一に、大学の課外活動の一つ、つまり学生生活の一部であるという側面をもつ。それと同時に、第二に、雇用・労働としての側面ももつ。それら二つの側面は、互いに影響し合うことがあったとしても、学生アルバイトの発達の歴史のなかでは基本的には別の流れとして位置づけられるにちがいない。

まず雇用・労働といった視点から学生アルバイトの歴史を眺めてみよう。

その歴史は、本書でみてきたように、高度経済成長期における人手不足を補うため、正社員の代わりに仕方なくアルバイトを雇用するといった「消極的アルバイト雇用」に始まる。ついで、正社員の雇用をアルバイトに置き換えることによって人件費を抑え、商品・

サービス価格を低く抑制し、売り上げ・利益を伸ばすという経営戦略をもとにした「積極的アルバイト雇用」の時代が到来する。さらに深夜勤務の導入と合わせて、その時間帯を含めた「積極的アルバイト雇用」の効率化を図る労務管理方法としてシフト勤務体制が定着していく。この「積極的アルバイト雇用」の採用を始点として、シフト勤務体制の導入にまで到達すれば、効率化を図る労務管理方法の究極の形態として「ブラックバイト」と称される労働法上違法な「搾取的労務管理」に行きつくのは必然の流れだったともいえる。

ただし第六章で指摘したように、ブラックバイトが横行するのは基本的には、企業・雇用者サイドの力が強くなるとき、つまりアルバイト労働市場が企業側の買い手市場のときである。この点からいえば、コロナ禍の時代においてアルバイト労働市場は、企業側の買い手市場の様相を強めている。それゆえ一時なりを潜めていたブラックバイトがふたたび跳梁跋扈《ちょうりようばつこ》する可能性に注意する必要がある。

いずれにせよ、雇用面に限らずあらゆる生活面で人に対する管理が社会のすみずみにまで、さまざまな形で巧妙化しながら浸透していく傾向は明らかである。さらに低成長の時代に入り、かつグローバル化が進展するなかで、多くの企業がコスト削減にむけてさらなる効率化を推し進めている。このような情勢を考えれば、今後も労務管理の効率化はさらに徹底されていく趨勢にあるものと推測される。

感情管理

企業による労働に対する管理が現時点においてさえ、いかに浸透しているか。いくつか例を挙げておこう。最初にみていくのは「感情管理」である。

これまで労働は、肉体労働と頭脳労働の二種類で分類されてきた。しかしそれら以外に「感情労働」という三つ目の種類の労働の存在することを指摘したのが、アメリカの社会学者ホックシールドである。ホックシールドが引き合いに出すキャビンアテンダントを一例にとれば、たとえ理不尽な行為を受け不快な思いをしてもその感情を抑圧し、顧客の機嫌を損ねることのないよう、つねに笑顔を絶やさず礼儀正しくふるまうことが職務の一環として要請される。

この例からわかるように、いまや感情の表出という人間の尊厳にかかわる部分にまで、企業による労働管理が及んでいる。

そのような感情管理は、接客をともなうサービス業では正社員のみならずアルバイトに対してさえ日常的にみられる風景になっている。たとえばファストフードやファミリーレストランなどでは、客からいやな思いをさせられても笑顔で礼儀正しく「おもてなし」をすることが店側から強く指示・指導されるのはいまや当たり前になっているからである。

社会のマクドナルド化

企業による労働に対する管理のもう一つの例として、アメリカの社会学者リッツアの指摘を紹介しておこう。リッツアは、現代社会では合理化・効率化・功利化を目標に据えた管理が浸透している。そのような管理方式が集約されている典型こそが、マクドナルドだという。そこでは徹底したマニュアル運用のもと、世界のどこで食べても同じ味を保証することが一つのうたい文句になっている。同じサービスが保証されるのは調理面に限られない。マニュアルにそって接客方法も一律に管理されている。そのため店員はどの顧客に対しても同じ言葉で応対することを求められ、同じサービスを提供させられることになる。基本的にそこに例外は認められない。つまり客が来るごとに同じ言葉・同じサービスを繰り返すことを強いられるのである。

これはまさしくチャップリンが映画『モダン・タイムス』で描いた工場労働の、サービス業版である。『モダン・タイムス』でチャップリンが演じるのは、労働者のリズムなどおかまいなしにベルトコンベアーに乗って次々と流れてくる組立品のネジ締め係である。始業から昼休みまでネジ締めだけという単調な作業を強いられた彼は、昼休みになっても手が勝手にネジ締めの動作をつづけてしまう。効率を追い求めて工場労働に導入されたべルトコンベアー・システムがいかに非人間的であるかを、喜劇という味付けをして辛辣《しんらつ》に風刺したのである。

それは厳密なマニュアル運用が徹底された接客サービスにも当てはまるはずである。このように効率化を求めて労働に対する管理がさまざまな面で浸透していくなかで、アルバイトを含めて人間らしい労働をいかに保持していくか。この点はアルバイトに限らず、今後の労働の一般的あり方として重要になっていくにちがいない。

2　学生にとってのアルバイトの位置づけ

経済的必要性とは無縁のアルバイトの拡大

ここまでは、雇用・労働としての側面からみた場合のアルバイトに焦点を当ててみてきた。つぎに、学生にとってのアルバイトの位置づけといった側面についてみていこう。

アルバイトは終戦まもない時期から現在にいたるまで、学生の主要な課外活動の一つとして発展してきた。だとすれば学生はアルバイトにどのような意義を見出し、アルバイトは衰えることなくかくも発展をつづけてきたのだろうか。あるいは学生はアルバイトに何を求めてきたのだろうか。そしてそこにはいかなる変遷がみられるのだろうか。

この点について本書のこれまでの記述をまとめておけば、もともと戦後期のアルバイトは、終戦後の混乱期において生きていくために仕方なく行う学費・生活費のためのアルバイト、つまり苦学生のアルバイトとして広まっていった。しかしその後、日本経済が豊かさを取り戻すにつれ、学費・生活費のためのアルバイトは減少していった。それに代わって、経済的には必ずしも働く必要を感じていない、小遣い稼ぎのためのアルバイトが一躍拡大していった。

バブル経済崩壊後の長期不況の時代には、ふたたび苦学生のアルバイトが増加していった。だとしてもほとんどの学生にとってアルバイトは、社会経験・社会勉強のためという目的も加わって、経済的な必要性を超えて行うことが当たり前の活動になった。大学の大衆化・ユニバーサル化が進展していくなかで、大学進学の理由として皆が行くからという動機が多数をしめるようになったのと同じことがアルバイトについても起こった。つまりアルバイトをしない学生の方が圧倒的に少数派になるといった「アルバイトのユニバーサル化」の時代にあって、皆が行っているから自分も人並みにアルバイトをし、皆と同じように一定の時間だけ従事し、一定の収入をえることが、一種の常識として定着していったのである。

奨学金の受給は学生のアルバイト時間を減少させるか

苦学生の場合は、経済的な必要性にもとづきアルバイトを行っているのは当然のことである。だとしてもここで重要な点は、経済的な必要性を満たす範囲にとどまらず、それを超えてアルバイトを行っている可能性が高いことである。

かつて筆者が行った『学生生活調査』の二〇〇六年度データを用いた、日本学生支援機構（JASSO）奨学金がアルバイト時間に及ぼす効果についての分析をもとにすれば、「家庭からの給付のみでは修学不自由」な自宅生、および家庭からの給付のみでは「修学不自由」、「修学継続困難」な自宅外生（下宿・アパート生）で、JASSO奨学金受給生は非受給生に比べてアルバイト時間が短くなっていた。そして下宿・アパート生については、JASSO奨学金受給によって節約できた時間を、「大学の授業」や「授業関連の学習」に振り向けていることがわかった（岩田、二〇一一）。

ここまでの結果だけをもとにすれば、少なくとも自宅外生については、JASSO奨学金受給はアルバイト時間の短縮、およびそれにともなう学習時間の増加をもたらす効果をもっているようにみえる。しかしここで重要な点は、同じ効果が自宅生では観察できないことである。さらに、授業料免除を受けている学生と、そうでない学生とを比較すると、自宅外生についてもアルバイト時間に差は認められなかった。つまり奨学金・授業料免除などの経済支援策は、一般的な意味ではアルバイト時間の縮減効果をもつとはいえないのである。

最近出された別の研究結果も紹介しておこう。島一則他は、二〇一二年度の『学生生活調査』データを用い、JASSO奨学金受給の有無が「アルバイト（定職を含む）時間」および「大学の授業の予習・復習などの時間」に与える効果を分析した。そこでは共通して、以下のような結果がえられたと指摘している。①JASSO奨学金受給は大学の授業の予習・復習などの時間を増加させる効果をもつ。しかし多くの人が論理的に予想する結果とは逆に、②JASSO奨学金受給者の方がかえってアルバイト時間が長くなる。

このように、奨学金受給はアルバイト時間を縮減する効果をもったり、逆に増長する効果をもったりするといった具合に、一貫した傾向は検出されていない。また、奨学金受給がアルバイト時間を縮減する効果をもつことはあれ、増長する効果をもつことは論理的に考えにくい。それらを総合して考えると、奨学金などの経済支援策を受けたかどうかによって、アルバイト時間には差のない可能性が高い。そしてそこに何らかの差が観察されたのは、使用したデータの偏りなどによってもたらされた偶然の結果にすぎないと思われる。

二つの可能性

それではなぜ奨学金などの経済支援策は、アルバイト時間を縮減する効果をもつといった結果が出てこないのであろうか。以下はあくまでも一つの仮説である。

第一に、自由になる手持ちの資金はどれだけあっても悪いことはない。そのような意識も一因として働き、一定の時間アルバイトを行い、一定の収入をえることが学生のあいだで常識的共通意識となってしまった。だから経済的支援策を利用することによってアルバイトの経済的必要性が軽減されたとしても、その常識的共通意識にもとづき経済的必要性を超えてアルバイトを行うことが常態化した。それほどまでにアルバイトは学生生活に深く食い入ることになった。

第二に、先に紹介した二つの論文が対象にしている時代のJASSO奨学金は将来返還が必要な貸与奨学金に限られる。よって島一則らも指摘するように、将来の返還を少しでも楽にするために、奨学金の受給は受けるとしても、他の学生と同じ程度働き、同じ程度のアルバイト収入くらいは確保しておいた方がよいという心理が働いた結果である可能性も存在する。

この第二の点については、返還の必要のない経済的支援策が導入されて以降のデータを解析することによって明らかにできるはずである。

高等教育無償化制度

返還の必要のない経済的支援策としては、低所得者を対象にした給付奨学金制度が、二〇一七年度の先行実施をへて、一八年度から本格実施されることになった。さらにその給付奨学金制度を大幅に拡充する形で、二〇年度の高等教育機関（四年制大学の他、短期大学・専門学校に加え、高等専門学校四～五年生も含まれる）進学予定者・在学者からは、住民税非課税世帯、およびそれに準ずる世帯を対象にして、高等教育修学支援新制度が導入されることになった（一般的には「高等教育無償化」制度と呼ばれる）。

この制度は給付奨学金・授業料減免・入学金減免をセットにした経済的支援策である。国公立大学・学校よりも私立大学・学校への進学予定者・在学者に対しての方が、自宅通学者より自宅外通学者に対しての方が、トータルの支援金額は大きい。よって住民税非課税世帯からの私立四年制大学への自宅外通学者であれば、給付奨学金九一万円、授業料減免七〇万円、入学金減免二六万円（いずれも満額）を受け取った場合、進学初年度の最高年額としては一八七万円の支援を受け取ることができるようになった。

本人および中・高生の弟か妹一人という、子ども二人に両親からなる四人世帯の場合は、

①住民税非課税基準を満たす世帯年収の目安は約二七〇万円以下の水準になる。同様の構成からなる世帯を例に準住民税非課税基準の場合についてみれば、②目安として世帯年収が約二七一～三〇〇万円であれば住民税非課税世帯の三分の二の金額が、③世帯年収が約三〇一～三八〇万円であれば三分の一の金額の支援を受けることが可能となった。

高等教育無償化制度によってアルバイト時間は減少するのか

この金額の大きさを考えれば、その恩恵にあずかることのできた学生は、学費・生活費のためのアルバイトからは大々的に解放されるはずである。しかしそれにともないアルバイト時間が大幅に減少するかどうかについては懐疑的にならざるをえない。なぜならこれまで、国から受ける経済支援と同じ程度以上の金額を、家庭からの給付として受け取っている学生も、小遣い稼ぎ、あるいは社会勉強・社会経験を積む目的でのアルバイトに、それなりの時間を費やしているからである。

つまり先に述べたように一定の時間アルバイトを行い、一定の収入をえることが学生のあいだで常識的共通意識になってしまったがゆえに、経済的必要性から解放されても、それから解放された分まで含めて経済的以外の理由をもとにしたアルバイトに時間を費やすことになる可能性がある。つまり学費・生活費のためのアルバイトのウエイトが縮小したとしても、その縮小を埋める形で、学費・生活費以外の目的で行うアルバイトのウエイトが増大し、結果的にアルバイト時間は劇的に減少しない可能性がある。この点は、日本におけるアルバイトの特徴を明らかにするためにも今後、実証的に検証される必要がある。

支給基準の壁問題

ここで高等教育無償化の制度的問題点について触れておこう。この制度の支給基準は目安としての世帯年収が、①二七〇万円、②三〇〇万円、③三八〇万円を区切りとしている。そしてそれらの基準を少しでも上回った場合には、いきなり支給金額が大きく減少する。いわゆる支給基準の壁問題と呼ばれる制度的な問題である。このため高等教育無償化による経済的支援をも組み込んだ家計の豊かさの程度は、①以下の基準の段階では、世帯年収が〇万円から二七〇万円に近づくにつれ増加していく。そして二七〇万円を超えた瞬間に豊かさは大きく低下し、②までの基準のなかでは三〇〇万円に近づくにつれふたたび徐々に増加していく。世帯年収がそれを超えた③までの基準の段階でも同様のことが起こる。さらに世帯年収が③を超えた瞬間に豊かさは大きく低下する。

つまり①、②、③を区切りとした支給基準の壁問題によってのみならず、同じ支給基準グループのなかでも、ある意味で不公平感の残る制度設計になっているのである。

そして高等教育無償化による経済的支援を組み込んだ家計の豊かさの程度が低くなるほど、学費・生活費のためのアルバイトは増加するはずである。だとすると、世帯年収と学費・生活費のためのアルバイトの関係を分析すれば、この制度のどの部分を改善する必要があるかも明らかにできるにちがいない。

3　学生にとって意義あるアルバイトに向けて

モラトリアムとしてのアルバイト

ここまで論じてきたように、今の学生にとってアルバイトは経済的必要性を超えて、皆が行っているから自分も行うという常識的行動になってしまっている。だから、経済的支援策を充実させても、経済的にきわめて恵まれない一部の学生のアルバイト時間を、いくらか削減させる可能性はあるものの、学生全体のアルバイトを大幅に縮小させることは、おそらく無理であるにちがいない。だとすれば、学生がアルバイトに熱中するのは避けられないことを前提として、今のアルバイトを学生にとっていかに有意義なものにするかを考える方が現実的だと思われる。

青年期は、「モラトリアム期間」という特徴をもつといわれる。「モラトリアム」とは、「猶予」という意味である。それでは、何が猶予されるのだろうか。

古典的な青年期論にもとづけば、一人前の大人の仲間入りをするための最大の試練は、就職と結婚だとされる。近代に入る以前の社会では基本的には、子どもは親の職業を継いでいればよかった。というより、そうすることしかほとんど許されなかったといった方が正確にちがいない。また、結婚相手も、家の格などをもとにして親が決める場合が多かった。ところが近代社会になると、職業選択・結婚の自由が認められ、自分でそれらを決定しなければならなくなった。けれども、自由とは苦労がともなうものである。なぜなら、世の中には星の数ほど数多くの職業が存在する。結婚相手候補者にしても同様である。いきなりそれら数しれぬ可能性のなかから、失敗せずに正しい選択をすることは容易ではない。

そこで、予行演習をかねて、さまざまな可能性に挑戦しながら、試行錯誤を繰り返すことが許される準備期間を、社会的に認めることになった。つまり、子ども期と大人期とのあいだに位置する移行期として、自立した一人前の大人になるために必要な準備・訓練を行うモラトリアム期間が、「青年期」と名づけられたのである。

就職して「大人」の仲間入りをすると、失敗はそれほど大目にはみてもらえなくなるだろう。ようするに、責任が問われることになるのである。これに対し、学生時代の失敗は大人になるための準備としての試行錯誤・チャレンジであれば、その責任はかなり割り引かれる。つまり、大人になるまでの青年期には、その準備期間として責任が猶予されることになるのである。

現在の日本では、結婚の自由のみならず、もちろん離婚の自由も保証されている。しかし離婚しようとすれば、それを押しとどめようとするさまざまな社会的重圧に直面することになるだろう。けれども学生時代に、恋人との出会いや別れを繰り返しても、よほど倫理にもとる行為を行わなければ、別れるときにそれほど大きな社会的重圧を感じることはないはずである。就職後に自己都合で退職するときと、アルバイトを辞める場合についても同様であろう。それは、モラトリアム期間としての青年期における、デートは結婚にむけた、アルバイトは職業選択にむけた試行錯誤・予行演習と社会が認めているからにほかならない。

大学とは、何をする場所か。そのように問えば、多くの人は学問の場と答えるにちがいない。しかし、それだけであろうか。そこは、モラトリアム期間という特徴をもった青年期に属する大学生が、就職・結婚という一人前の大人の仲間入りをするための最大の試練にむけて、試行錯誤・予行演習を行う場でもある。このように考えれば、現在のキャンパスライフでアルバイトやデート・恋愛文化が大々的に繁栄していることは、それなりの根拠があることになる。

積極的モラトリアムと消極的モラトリアム

ただしそれはあくまで大人になるための準備としてのチャレンジであれば、という条件付きである。そのようなしっかりした目的をもったモラトリアムを、精神分析学者の小此木啓吾は、「積極的モラトリアム」と呼んだ。これに対し、一人前の大人になるためといった明確な目的意識をもつことなく、責任が猶予され、自由を満喫できるモラトリアム期間を単に消費しているにすぎないようなモラトリアムを、「消極的モラトリアム」と呼んだ。

たとえばアルバイトを例にとると、自分を高めることのできるような、何らかの明確な目的をもって行うアルバイトは、「積極的モラトリアム」とみなせる。しかし、単に小遣いを稼ぐためにとか、他にやることがないからといった理由で、漫然とつづけているアルバイトは、「消極的モラトリアム」とみなされても仕方がない。

学生にアルバイトを行う理由を聞くと、職業訓練のためという答えがよく返ってくる。

そこで、そう答えた学生のアルバイト職種を確認した上で、そのアルバイトがレジ打ちや飲食店の配膳などであった場合、そのような単純肉体労働の職種に大学を卒業した後に就くことを考えているのかと尋ねると、ほとんどがそうではないと答える。だとしたら職業訓練にはなっていないのではないかと指摘すると、単純肉体労働に従事している人の気持ちを知るためという、それが上から目線になっていることに思いいたらない答えが返ってくることもしばしばある。単純肉体労働に従事している人の気持ちを知るという動機を据えてのアルバイトであれば、明確な目的をもったものであるがゆえに、積極的アルバイトに位置づけてもよいにちがいない。しかし、それが本当に明確な目的をもった積極的アルバイトであるなら、単純肉体労働に従事している人の気持ちが理解できたときには、その目的が達成されたのだから、アルバイトは辞めてよいはずになる。また、アルバイトを行う目的として、お金を稼ぐことの大切さを知るためといった理由を挙げる学生もきわめて多い。この場合も、お金を稼ぐことの大切さがわかった段階で、アルバイトは辞めてよいはずになる。

積極的モラトリアムとしてアルバイトを行う場合には、そこまで考えた上で行動する必要があるだろう。

ある経済学部教授の提案：アルバイトを大学の授業の単位として認める

以上は、アルバイトを行っている学生への助言である。それでは、アルバイトを学生にとって有意義な活動にすることに対し、大学は何らかの支援を行うことが可能なのであろうか。その点に関連して、某地方国立大学経済学部教授と面談する機会があったときに、その教授から直接伺った話を紹介することにしよう。

アルバイトはいまや、学生のほとんどが多くの時間をかけて日常的にかかわる活動になった。それゆえアルバイトは明らかに学生が何より、もっとも身近に経験する生きた経済活動になっている。だとしたらアルバイトを経済学のフィールドスタディとみなし、レポート提出を条件として、選択科目の授業としての単位を与えることを検討してもよいのではないか。そう提案なさったことが、今でも鮮明に記憶に残っている。

このような提案を目にした学生諸氏は、大歓迎だと歓喜の声をあげるのではないだろうか。かりにレポート提出が求められるとしてもである。しかしそのレポートのテーマ・内容について、この教授は条件をつける。教授がそのレポートに求めるのは、就職活動のエントリーシートや面接のなかでの自己アピールの材料として推奨されているような、アルバイトをしているときに現場でのどのような実務上の問題に気づき、その問題を改善・解決するためにいかなる工夫をしたり行動をとったりしたか、その体験にもとづくような実務的問題ではない。あくまで経済学の授業の一環としての単位認定である以上、経済学の学習の上にたって、その視点にもとづく学問的な考察にもとづいたレポートの提出を要件とするのである。

このような試みがその後、たとえばこの教授の所属する学部で実行に移されたという話は残念ながら聞かない。しかし学生が身近に経験する日常的活動を学問と結びつけて考えさせる方法としては、一つのヒントを与えてくれると思われる。もちろんアルバイトを研究対象として考察させる視点は、経済学にとどまらない。社会学や心理学、および労働法を中心とする法学などを代表として多くの学問的視点からの考察が可能になるはずである。

具体的にいうと、第三章で述べたように、たとえば終戦後まもない頃の東大生はアルバイトをとおして、弱い立場にある労働者から雇用者がいかに搾取しているかといったことなど、さまざまな社会問題に関心をいだいた。そしてそれを個人的な体験としての狭い範囲の問題にとどめず、授業で習ったことに結び付けたり、自分で勉強したりして、普遍的な問題にまで思考の範囲を広げた学生も少なくなかった。当時の大学はエリート段階にあり、しかもそのなかでもエリート中のエリートである東大生という「意識高い系」だから、それは可能であった。ユニバーサル化した今の大学生である自分たちにはそれは難しい、と引いてしまう学生も少なくないかもしれない。

しかし、ここではそんなに難しいことを要求しているわけではない。ここで別の例として、私の授業の個人的な体験を紹介しておこう。私はかつて、心理学専攻の学生を対象として社会調査の授業を担当していたことがある。その授業は、いくつかのグループごとに自分たちの関心にもとづき実際に質問紙調査票を作成し、自分たちでその回答を集めたりして、解析するという内容であった。そのなかの一つのグループは、どのような文面のポップ広告（紙媒体による特定商品の宣伝）で売り上げ効果が大きいのかといった問題に関心をもった。期間限定・地域限定など、今購入しないと、もう手に入らない可能性が大きいことを強調したポップは衝動買いを促し、その商品の売り上げが伸びるという、行動経済学の理論に依拠したポップを含めて、いくつかのポップを用意し、実際にアルバイト先でデータを収集してみた。その結果、先の行動経済学の理論をもとにしたポップの商品の売り上げが一番伸びたという。行動経済学は心理学を大々的に採り入れることによって進展した経済学の一学問分野である。学生たちは、アルバイト活動のなかに、学問的関心を採り入れて考察することを見事、やってのけたのである。

アルバイトはほぼすべての学生のなかに深く浸透・常態化し、いまや大学生活のなかでなくてはならない存在になった。よって学生のアルバイトへむける関心を衰えさせ、その関心をとくに勉学にむけさせることは、これまでの歴史的趨勢《すうせい》および現状から考えて、おそらく現実的には不可能だろう。だとすればである。これまではアルバイトと勉学を対立関係で捉え、アルバイトは勉学の妨げになるので最小限にとどめるように注意するのが普通であった。しかしそれよりも、学生がアルバイトに一定程度熱心であるのは仕方がないことだと割り切り、たとえば学問に裏打ちされた、先のポップ実験のようにアルバイトをとおして学問の面白さも感じさせる方が、学生の学問への関心を高めることになるのではないだろうか。とくに最近の学生は大学教育に「役に立つ」内容を求める傾向が強い。だとすればここで示した試案は、アルバイトという身近な例から学問や大学教育も「役に立つ」と認識させ、それをとおして学問への関心を高める効果が期待されるといったらいいすぎだろうか。

大学生の成長を促進するアルバイトにむけて

実際に店頭でポップの効果についての調査・実験をするに当たっては、当然、店側の同意・許諾をとる必要がある。だから先の調査・実験は、ある意味で素人《しろうと》学生の思い付きにしかすぎないお願いを聞き入れるという、店側の寛大な協力によって初めて実現したことになる。そこには、どのようなポップが効果的かわかれば、それを利用して店の売り上げを伸ばすことできる、といった店側の思惑もあったかもしれない。しかし素人学生の思い付きにしかすぎないお願いに、どれだけの店が耳を貸してくれ、さらにそれを受け入れてくれるかを考えてみれば、その店には店側の利益だけではなく、学生の知的探求心を助長しようとする、学生に対する暖かいまなざしが感じられる。そこには、学生を単なる労働力としてだけみるのではなく、発達途上の青年・若者とみなし、その成長に手を貸そうとする視点が感じられるのである。これは、経営者の都合だけを優先し、学生への配慮など一顧だにせず、学生を使い潰すブラックバイトとは真逆の経営管理方針といえる。

近年ではＥＳＧ投資などに代表されるように、環境（Environment）、社会（Social）、ガバナンス（Governance）的責任を企業に求める声が大きくなってきた。子どものみならず若者の教育は、学校だけでなく社会全体で面倒をみていくことが重要だとすれば、大学生の成長を促進することも企業の社会的責任の一つになるといえるにちがいない。

現在のアルバイトに対し、学生は収入がえられるという経済的意義を、経営者は労働力としての意義を見出している。けれどもそれら非人間的ともいえる意義にとどまるがゆえに、大学は人間的すなわち教育的意義を見出せないため、アルバイトは勉学の妨げにしかならないと敵視する。つまり現在のアルバイトは、本業との接点をもたない活動になっているとみなせる。

しかしいまやアルバイトは、それに携わる学生の数・時間、のみならず経済面においてもあまりにも大規模で日常的かつありきたりの活動になっているという意味で、学生にとってきわめて大きな存在感をもつ重要な副業活動になっている。

だとすれば、本業とアルバイトという学生にとって重要な二つの活動のあいだで、学生が引き裂かれた状態のまま放置しておくのは得策ではない。アルバイトに大学生の多様な面における成長を促進するという意義ももたせることによって、それら二つの活動の橋渡しを行うことを、学生と大学が主体となり、企業などもそれに協力する形で考えていってもよいのではないだろうか。それは、今後のアルバイトの一つの方向性になると思うのだが、どうだろうか。

あとがき

本書の第二～五章は、以下の初出原稿を大幅に加筆・修正したものである。

①「勉強文化と遊び文化の盛衰」・「アルバイトの戦後社会小史」、武内清編『キャンパスライフの今』玉川大学出版部、二〇〇三年。

②「戦前期から戦後混乱期にかけての日本における学生アルバイトの社会小史」、『武蔵野女子大学現代社会学部紀要』第四号、二〇〇三年。

筆者がアルバイトの歴史に関心をもったのは、①の本の出版にあたってキャンパスライフの歴史を執筆する機会をえたときからである。この本は、武内先生を研究代表者とする学生文化研究会が行ってきた、全国の大学生を対象にしたキャンパスライフについての研究調査が出版社の目に留まり、企画がもち込まれたものである。筆者が歴史研究に興味をもっていることをご存じであった武内先生から、その本のなかにキャンパスライフの歴史の章を加えたいので、筆者にそれを担当してもらえないかとご依頼をいただいた。

それまでもキャンパスライフの歴史についての論考は出版されていたものの、各時代の大学生の流行的行動をもとに、ある意味で主観的な印象をもとにした質的な研究がほとんどであった。そこで数量的データをつなぎ合わせ、そのデータをもとに歴史を通観できないかと考えた。そのような資料が何かないかと模索していたときにいきあたったのが、第一章に記載した二つの調査（『学生生活調査』と『生協調査』）である。これらの調査については、一部中断期間は存在するものの、とくに学生生活費収入・支出やアルバイト状況に関しては、戦後のきわめて長い期間にわたってほぼ継続した統計データをえられることがわかった。そこでそれらのデータをもとに執筆したものが①である（以上のほか、恋愛とサークルにも各一章を割いている）。しかし紙幅の関係で、①ではアルバイトの誕生にとってきわめて重要であるのみならず興味を引くエピソードに富む、戦後混乱期までの歴史を割愛せざるをえなかった。そこで、その割愛した部分を別論文としてまとめたものが②である。そしてこの①と②に、その後新たにみつけた資史料などを加えて執筆したものが、本書の第二～五章である。

①の本の出版が機縁となり、その後二〇一二年度以降の『学生生活調査』について、その調査の公表集計表・個票データの解析をもとにした解説を書く機会をいただいた。それは、平成二四～二六（二〇一二～一四）年度の『「学生生活調査結果」の概要』のなかの

「有識者による各種分析」（日本学生支援機構のホームページに掲載）、平成二八～三〇（二〇一六～一八）年度『学生生活調査結果』のなかの「識者所見」の一部として収録されている。本書の第六章の第一節は、それらも参照しながら執筆した。それ以外は書き下ろしである。

本書が出版にいたったのは、多くの方々のお力添えによるところが大きい。このテーマに関心をもつきっかけを与えていただいた、武内清先生（現在、敬愛大学教授）、学生の経済的支援に関する一連の研究会に加わる機会を与えてくださるとともに、それとの関連で『学生生活調査』解説の執筆者の一人として筆者の名を、日本学生支援機構の委員会で挙げていただいた小林雅之先生（現在、桜美林大学教授）・濱中義隆先生（現在、国立教育政策研究所総括研究官）に、まず深く感謝の言葉を捧げたい。

大学院に入学して以来、最初に憧れた夢は単著を出版することであった。その夢は、ちょうど一〇年前にようやく実現することができた。そこでつぎなる夢となったのは、身のほど知らずにも新書なるものを一度は書いてみたいという願いであった。この念願をかなえることができたのはひとえに、平凡社編集一課の岸本洋和さんと、本書を新書で出したいという著者の願いをかなえるために奔走し、岸本さんにつないでいただいた、東寿浩さん（現在、日本能率協会マネジメントセンター編集者）のご厚意のたまものである。ご両者にも心よりの謝意を表したい。

二〇二一年九月

岩田弘三

参考文献

【学生生活調査収録誌一覧】

①文部省大学学術局学生課「学生生活調査報告」、『学徒厚生資料』別冊第三号・別冊第六号、一九四九〜一九五〇年。
②文部省大学学術局学生課『昭和二八年度 学生生活調査報告書』第一部（学生の経済生活の実態）、一九五四年。
③文部省大学学術局学生課『昭和二九・三〇年度 学生生活調査報告書』第一部（学生の経済生活の実態）、一九五六年。
（唐澤富太郎『學生の歴史』創文社、一九五五年、三〇七頁にも再録されている。）
④文部省大学学術局学生課『昭和三六年度 学生生活調査報告書』一九六三年。
⑤岩波甲三「学生の経済生活とアルバイト」、『厚生補導』第六六号、一九七一年一一月。
⑥文部省大学局学生課『厚生補導』第一〜一九〇号、一九六六年六月〜一九八二年三月。
⑦文部省大学局学生課『大学と学生』第一九一〜二一九号、一九八二年四月〜一九八四年六月。
⑧文部省高等教育局学生課『大学と学生』第二二〇〜四三一号、一九八四年七月〜二〇〇〇年一二月。
⑨文部科学省高等教育局学生課『大学と学生』第四三二〜四七四号、二〇〇一年一月〜二〇〇四年三月。
⑩日本学生支援機構『大学と学生』第一〜九一号、二〇〇四年四月〜二〇一一年三月。

⑪日本学生支援機構『（平成二二年度〜）学生生活調査報告』二〇一二年〜。

【引用・参考文献】


あさいもとゆき他、二〇一四、『マンガ ほんとに怖いブラックバイト』宝島社。

天野郁夫、二〇一三、『高等教育の時代』上下巻、中央公論新社。

天野貞祐、一九五〇、『若き人たちへ』細川書店。

石川弘義、一九八九、『欲望の戦後史』廣済堂出版。

五木寛之、二〇一八、「語る――人生の贈りもの」、朝日新聞、二〇一八年九月二四日朝刊。

出井康博、二〇一九、『移民クライシス――偽装留学生、奴隷労働の最前線』角川新書。

稲垣恭子編、二〇一一、『教育文化を学ぶ人のために』世界思想社。

岩田弘三、二〇一一、「生活時間を付加したデータからみた学生アルバイトの居住形態別状況と奨学金の効果」、『武蔵野大学教養教育リサーチセンター紀要 The Basis』第一号。

――――、二〇一五、「『大学の学校化』と大学生の『生徒化』」、『武蔵野大学教養教育リサーチセンター紀要『The Basis』第五号。

――――、二〇一八、「アルバイト及び部活動・サークル活動が大学成績に及ぼす影響」、国立教育政策研究所『学生の成長を支える教育学習環境に関する調査研究』。

――――、二〇一九、「近年における学生アルバイト従事率急増の要因」、『武蔵野大学教養教育リサーチセンター紀要『The Basis』第九号。

上西充子他、二〇一四、「ブラックバイトとは?」、『POSSE』Vol.22、二〇一四年三月号。

潮木守一、一九八六、『キャンパスの生態誌』中公新書。

牛窪恵、二〇〇九、『「エコ恋愛《ラブ》」婚の時代――リスクを避ける男と女』光文社新書。

NPO法人POSSE、二〇一五、「特集 塾とブラックバイト」、『POSSE』Vol.27、二〇一五年七月号。

大内裕和・今野晴貴、二〇一五、『ブラックバイト』堀之内出版。

大河内一男、一九五〇（七月）、「『戦後派』の学生」、文部省大学学術局学生生活課『学徒厚生資料』第九集（東京新聞、一九五〇年六月二一～二三日からの転載記事）。

大室貞一郎、一九四〇、『學生の生態』日本評論社。

――――、一九五六、『青春の足跡――学生九十年史』河出新書。

小此木啓吾、一九八一、『モラトリアム人間の時代』中央公論社。

尾崎盛光、一九六七、『日本就職史』文藝春秋。

学生援護会編、一九八〇、『昭和55年版アルバイト白書』学生援護会。

――――、一九八一、『昭和56年版アルバイト白書』学生援護会。

――――、一九八五、『昭和60年版アルバイト白書』学生援護会。

唐澤富太郎、一九五五、『學生の歴史』創文社。

岸本裕紀子、二〇〇七、『なぜ若者は「半径1m以内」で生活したがるのか？』講談社＋α新書。

小谷敏編、一九九三、『若者論を読む』世界思想社。

今野晴貴、二〇一六、『ブラックバイト――学生が危ない』岩波新書。

早乙女剛駿、一九四八、「大學高專學徒のアルバイト問題について」、文部省体育局学徒厚生課『学徒厚生資料』第六号、一九四八年一二月号。

坂田稔、一九七九、『ユースカルチュア史』勁草書房。

柴垣和夫、一九八九、『昭和の歴史9 講和から高度成長へ』小学館。

島一則他、二〇一八、「奨学金受給と学生の生活時間との関連についての実証分析――複数の統計手法を用いて」、国立教育政策研究所『学生の成長を支える教育学習環境に関する調査研究』。

就職みらい研究所、二〇一八、『就職白書2018 採用活動・就職活動編』リクルートキャリア
白川優治、二〇一八a、「奨学金制度の歴史的変遷からみた給付型奨学金制度の制度的意義」、独立行政法人労働政策研究・研修機構『日本労働研究雑誌』二〇一八年五月号（No.694）。

――――、二〇一八b、「『奨学金』の社会問題化過程の基礎的分析――2004年以降の全国紙5紙の掲載記事を対象に」、『大学論集』第五〇集、広島大学高等教育研究開発センター。

鈴木力（天眼子）、一八九一、『活青年』博文堂。

全国大学生活協同組合連合会、一九七七、『学生生活のうつりかわり1963～1976』。

――――、一九九四、『第29回 学生の消費生活に関する実態調査報告書』。

高木瑞恵、二〇〇〇、「大学生アルバイトの戦後史」その1～3、『IDE 現代の高等教育』No.420～422。

武内清、二〇一四、『学生文化・生徒文化の社会学』ハーベスト社。

――――編、二〇〇三、『キャンパスライフの今』玉川大学出版部。

竹内洋、二〇〇一、『大学という病』中央公論新社。

――――、二〇〇三、『教養主義の没落』中公新書。

東京大学「学生アルバイト」委員会編、一九五九、『東京大学学生アルバイト10年史』（非売品）。

トロウ、マーチン、一九七六、『高学歴社会の大学』天野郁夫・喜多村和之訳、東京大学出版会UP選書。

中野収、一九八七、『現代史のなかの若者』三省堂。

日本学生生活手記編纂委員会編、一九五三、『わが大学にある日々は――アルバイト学生の手記』国土社。

原田曜平、二〇一三、『さとり世代』KADOKAWA。

保阪正康、二〇〇九、『眞説 光クラブ事件――戦後金融犯罪の真実と闇』角川文庫。

ホックシールド、アーリー、二〇〇〇、『管理される心――感情が商品になるとき』石川准・室伏亜希訳、世界思想社。

松田久一、二〇〇九、『「嫌消費」世代の研究』東洋経済新報社。

溝上慎一編、二〇〇二、『大学生論』ナカニシヤ出版。

文部省学生生活課長、一九五〇、「厚生補導について」、『学徒厚生資料』第八集、一九五〇年三月号。

文部省大学学術局学生課、一九五三、『学徒厚生資料』別冊第六号、一九五三年三月号。

矢田勝磨、一九三一、「大學地方色――早大經・商學部の巻」、『実業の日本』第三六巻第二〇号。

山家悠紀夫、二〇一九、『日本経済30年史――バブルからアベノミクスまで』岩波新書。

米川明彦、一九九八、『若者語を科学する』明治書院。

――編、二〇〇二、『明治・大正・昭和の新語・流行語辞典』三省堂。

リッツア、ジョージ、一九九九、『マクドナルド化する社会』正岡寛司監訳、早稲田大学出版部。

【著者】
岩田弘三（いわた こうぞう）
教育社会学者。1957年富山県生まれ。名古屋大学教育学部卒。同大学院教育学研究科後期課程教育学専攻単位取得満期退学。文部省大学入試センター研究開発部助手などを経て、現在、武蔵野大学人間科学部教授。博士（教育学、東北大学）。専攻は高等教育論・教育社会学。著書に『近代日本の大学教授職』（玉川大学出版部）、『子ども・青年の文化と教育』（共編著、放送大学教育振興会）、『教育文化を学ぶ人のために』（共著、世界思想社）など。

平凡社新書988

アルバイトの誕生
学生と労働の社会史

発行日——2021年10月15日　初版第1刷

著者——岩田弘三
発行者——下中美都
発行所——株式会社平凡社
東京都千代田区神田神保町3-29　〒101-0051
電話　東京（03）3230-6580［編集］
東京（03）3230-6573［営業］
振替　00180-0-29639
印刷・製本—株式会社東京印書館
DTP——平凡社制作
装幀——菊地信義

ISBN978-4-582-85988-1
NDC分類番号377.9　新書判（17.2cm）　総ページ224
平凡社ホームページ　https://www.heibonsha.co.jp/